# 1杯の水と卵1個で変わる
# 史上最強のコンディショニング術

庄司 剛
日本体育大学荏原高等学校
パワートレーニング部顧問

ビジネス社

# はじめに ――コップ１杯の水と卵１個で人生が変わる――

## 目的は「ハイパフォーマンスな体づくり」

わたしは日本体育大学荏原高等学校（日体大荏原）で国語教師として教壇に立つかたわら、パワートレーニング部の顧問として、日々、指導を行っています。パワートレーニング部とは、日本の高校初にして唯一となる、いわゆるボディビル（ボディビルディング）を活動のメイン目的とするクラブです。

教師の仕事がどこまで知られているかわかりませんが、教壇に立つのはもちろん、部活動指導、会議、事務処理等々、やることは山のようにあります。早朝から夜遅くまで学校にいるなど当たり前。イベントがあれば土日も潰れます。しかも10代の若者の将来を預かっているのですから、その責任とプレッシャーはなかなかのものがあります。

もっとも、会社勤めをしているビジネスパーソンもまた、毎日が戦いの連続であることに変わりはないでしょう。戦いですから勝ったほうがいいに決まっていますが、では、勝利のために必要なものとは何なのでしょうか？

教師として働きつつ独自の筋トレ、そしてその指導を続けてきたわたしに言わせると、それは「機能的なボディと、それに支えられた強いメンタル」です。心と体は車の両輪で、どちらが欠けても〝戦闘力〟、つまりパフォーマンスは一気に低下してしまいます。

しかし、逆にいえば、精神力（メンタル）を下支えしている肉体（ボディ）をきちんと鍛えれば、パフォーマンスは必ず上げられるということです。

ただし、筋トレマニアであるわたしのように、ムキムキのマッチョになってほしいと考えているわけではありません。わたしがこれから読者のみなさんにお伝えしたいのは、「体が変われば、心も変わる」ということ。

そもそも、わたしのトレーニングの目的は、「肉体を鍛えること」ではなく、仕事の最前線で戦い続けられる「ハイパフォーマンスな体づくり」です。肉体改造や意識改革は目的ではなく、あくまでも手段に過ぎません。それに、仕事でも家庭でも忙殺されているビジネスパーソンにとって、筋トレのための時間を捻出すること自体、かなりハードルが高いということも認識しています。

そうした状況を踏まえ、アメリカを中心とする海外の最新の研究成果を元に、自分自身の実践経験から編み出したのが、「最小限の努力で最大の効果を出せるメソッド」です。

ここで「最小限の努力」の例をひとつ挙げてみましょう。

毎朝、コップ1杯の水を飲んで、朝食に卵を1個加える。これだけやってください。

「えっ！　コップ1杯の水と卵1個!?　そんなことで何も変わるわけないでしょ！」

そう思った方が大半でしょう。

しかし断言します。本当に変わります！

コップ1杯の水や卵1個という「最小限の努力」が、なぜ「最大の効果」を生みだすのか。

詳細は本文で解説しますが、これを含めたさまざまな実践例を見ながら、「ハイパフォーマンスな体づくり」の秘けつを、たっぷりとご紹介していきたいと思います。


**1万8000人以上を指導してきて得た独自のメソッド**

わたしが日体大荏原に採用されたのは1999年のこと。冒頭で述べたように体育教師ではなく国語教師ですし、当初は学生時代から慣れ親しんでいた吹奏楽部の顧問を務めていました。そうした〝本業〟とは別に、20年近くにわたり独自に筋トレを研究しており、いつしかそのノウハウを生徒たちに教えるようになったのです。

それこそ、上位大会出場を目指すべく、多彩な競技に打ち込む生徒たちに対し、10年以上にわたってサポートを続けてきました。サッカー、ラグビー、ゴルフ、レスリング、器械体操、剣道、バレーボール、スキー、水泳、テニス、競輪……等々の競技で、生徒たちは素晴らしい成果を収めてくれました。指導者として、これほどうれしいことはありません。こうした貢献が学内で認められ、2011年、念願だったパワートレーニング部を立ち上げることができたのです。

また、生徒への指導だけでなく、学外の高校生や大学生、地域の方々にも指導してきました。さらに、アスリート向けの「筋トレ」を応用し、より汎用性の高い「ボディデザイン（体型管理）」のメソッドを開発。学生、ビジネスパーソンなど1万8000人もの方々への指導を通じて、その内容を〝ビルドアップ〟してきたのです。

## 〝庄司メソッド〟を理解するための4つの視点

この本では、こうした〝庄司メソッド〟の成果を、存分に公開していきます。内容は以下の通りです。

第1章では、「ハイパフォーマンスな体づくり」という考えかたと具体的な方法論。
第2章では、トレーニングの成果がより高まる「オンオフ」の秘けつ。
第3章では、コンディショニングの重要な要素である「食生活」の実践術。
第4章では、第1章から第3章で紹介したさまざまなヒントを「習慣化」するコツ。

各章末には「実践編」も設けましたので、そこを読めば本文で解説した理論をすぐに実行に移すことができるでしょう。

冒頭から通読し、本当の「コンディショニング」とはどういうものなのか、ということを理解していただくのがオススメですが、時間がない方は、気になった項目から拾い読みでもかまいません。本書で提案した55のヒントのなかから、「自分ができそうなこと」を試しにひとつだけやってみる、といった活用法があってもいいと思います。

いずれにしても、最小限の努力で最大の効果を出せる庄司メソッドに触れて、実践していただければ幸いです。

目指すは、ビジネスシーンを勝ち抜くための「ハイパフォーマンスな体づくり」。
心と体の両方で「最小限の努力で最大の効果」を楽しみましょう！

目次　contents

第2章

# ハイパフォーマンスのカギを握るオンオフの秘けつ

第3章 体、頭、心に効く食事の考えかた

第4章

# ルーティンが自然に身につく「習慣化の法則」

# 第 ① 章

# できる人は なぜ体のデザインに こだわるのか

# 01

# 「ノートレ」だと筋肉は1年で1％ずつ確実に減る

わたしたちの体は筋肉と骨で支えられています。「そんなの当たり前」と思われるかもしれませんが、**実は適度なトレーニングをしないと、その大事な筋肉はどんどん落ちていってしまう**こと、ご存じでしたか。

一説によると、30代の場合は1年でおよそ0・5％、40代の場合は1年でおよそ1％の筋肉が減るといわれています。その結果、80代になる頃には、20代の60％から70％程度にまで、筋肉量が低下してしまうのです。

「でも、社会人に筋肉って本当に必要？　別にマッチョになりたいわけじゃないし……」当然の疑問ですが、なぜ「ハイパフォーマンスな体づくり」に筋肉量のアップが必要なのか、その理由は大きくふたつあります。ひとつは、**基礎代謝が上がる**から。そして、もうひとつは**姿勢が良くなり、体が疲れにくくなる**からです。

基礎代謝が上がると、エネルギーの消費量も上がります。基礎代謝は年齢によって異なりますが、30代から40代の男性の平均値は、1日あたり1500カロリーだと言われています。筋肉の量が増えると基礎代謝がアップするので、カロリー消費量も必然的に上がります。加えて免疫力もアップします。

つまり、**筋肉をつければ、自然と「太りにくく、痩せやすく、そして病気になりにくく**

**い体」になる**のです。

また、**筋肉がつくと、姿勢が良くなります。**これは「正しい姿勢」になるよう、体中のさまざまな部位を筋肉が支えるようになるからです。**正しい姿勢が維持できるようになれば、体も疲れにくくなりますし、夜もぐっすり眠れるようになります。**ぐっすり眠れると、肉体的な意味での疲労回復はもちろん、頭の中もすっきりするはずです。

さらに、筋肉量が増えると、姿勢が良くなり、見た目も大きく変わり、周囲からの印象もまた以前とは断然違ってくるでしょう。ですから、「異性にモテるために、カッコいい体を手に入れたい！」という〝下心〟からスタートしたっていいのです。

「若いころと違って、いまさら筋トレしたってなあ……」とあきらめモードになっている方も多いですが、筋トレを始めるのに実は年齢はまったく関係はありません。**筋組織に刺激を与え、負荷をかければ、何歳であっても筋肉は発達します。**鍛えるのに「遅すぎ」「手遅れ」はないのです。

一言サプリ！

**60、70歳になっても、体を鍛えれば筋肉は増えていく！**

## 02 ハイパフォーマンスな体づくりとダイエットは似ているようでまったく違う

一時的な減量に成功したとしても、すぐにリバウンドして、元の状態に戻ってしまったという話をよく耳にします。

最悪なのは、元の状態に戻るどころか、さらに体重が増えてしまうケースです。実はわたしも、若い頃はリバウンドを繰り返していました（もし、その様子を知りたい方がいましたら、「おわりに」を読んでみてください）。

身近なところでも、「カッコいい体になれたのに、結局、維持できなかった」という悩みをこぼす生徒がいます。**1週間から2週間程度という短い時間で、みるみるうちに肉体が変化する生徒もいますが、本当の課題は「変化した後」**なのです。

実をいうと、テレビコマーシャルなどでよく見るようなダイエット（減量）は、けっこう簡単に達成できてしまうものなのです。

人それぞれ、個体差もありますが、一般的には、2カ月ほどトレーニングを続け、食べるものにもそれなりに気をつかえば、体重は確実に落ちていきます。

ですから、もしもみなさんの目的が「ダイエット」にあるのなら、2カ月後にはあっさり結果が出ているはずです。しかし「2カ月後」のその先はどうでしょうか。

半年後、1年後、3年後、5年後、10年後……。

「う〜ん」とうなってしまう人も多いと思います。

多くの方々がリバウンドに悩むのは、「体重を落とす、痩せる」ということだけを目標に掲げているからです。けれども、本書で提案している「ハイパフォーマンスな体づくり」においては、「結果的にシェイプアップ効果もある」くらいに考えておいたほうがいいかもしれません。

なぜなら「ハイパフォーマンスな体づくり」とは、「一時的に減量する」というより、「**機能的な体を将来もずっと維持する」という長期的な視野に基づいている**からです。

そのために持つべきなのが、ちょっとした体重の増減で一喜一憂しない、その先を見据えたどっしりとした心がまえ。急に痩せる、急に筋肉をつけるとなると必ず反動がきます。理想は、1日100の効果ではなく、1日10の効果を10日間続けること。

結果は必ず出ます。あせらず無理せず自分の生活スタイルの一環として体づくりを続ける。これが、長期的な成功を呼び込む秘けつなのです。

一言サプリ！

**短期間でつけた筋肉は何もメンテしないとつけた時と同じスピードで落ちていく！**

03

# 体の中がサビついていく!?本当は恐ろしい有酸素運動!

ぽっこりお腹の解消をはじめ「ダイエット」を目的とする方々の間では、「有酸素運動がもっとも効果的」という信仰めいたものが、根強く残っているようです。もちろん、これはこれで100%間違いというわけではありませんが、別の一面から見ると、「いやいや、ちょっと待ってください！」と言いたくなってしまうこともあります。

項目「01」でも書いたように、とにかく、本書でお伝えしたいのは、

**・脂肪を燃焼させるには、代謝機能の向上が大事**
**・そのためには、しっかりと筋肉をつけよう**
**・筋肉量が増えると基礎代謝が高まるから**

というシンプルな考えかた。つまり、**重要なのは「筋肉を大きくすること」**です。**筋肉をつけると「運動していない時間も脂肪を燃焼しやすい体」になれます。**一方、**有酸素運動では「運動をしている最中」しか脂肪は燃焼しません。**

また、有酸素運動で重要なのは、実は、運動と食事のバランスです。なるほど、有酸素運動はたしかにエネルギーを大量に消費します。しかし、その分、ついつい食事量が

多くなってしまうことも事実。**ダイエットしているのになかなか体重が落ちない原因のほとんどは、この運動と食事の〝アンバランスさ〟にある**のです。

さらに有酸素運動で酸素をたくさん吸ってしまうと、体内のフリーラジカル（活性酸素）が増え、そのため体が酸化してしまいます。体内の酸化が進むと老化を促進してしまうのです。

ちなみに、わたしが普段やっている有酸素運動といえば、自転車通勤のみ。といっても、必死でペダルを漕いで汗びっしょりになるというレベルではなく、あまり負荷がかからないように、自宅から職場までゆっくりとしたペースで楽しんでいます。

わたしの考えでは、**有酸素運動にこだわって「毎日ランニングを1時間」するよりも、「毎日スクワットを5分間」したほうが効率的**です。スクワットは、筋トレとして優れたエクササイズですし、効果も非常に高いからです。

では、これからスクワットを含めた「３つのトレーニング」をご紹介しましょう。

一言サプリ！

**長時間の有酸素運動はかえってマイナス効果になる恐れあり！**

04

# お腹をへこませるのに腹筋運動は関係なかった！

「へこんだお腹」とか「腹筋を鍛える」などという言葉から、みなさんが思い浮かべるのは、いわゆる「6パック」、6つに割れた腹筋のイメージだと思います。では、ブラッド・ピットやEXILEのメンバーのように、「ボコボコに割れた腹筋」を手に入れるにはどうしたらよいのでしょうか。

「そりゃあ腹筋を鍛えるわけだから、腹筋運動を繰り返せばいいんじゃないですか？」

う〜ん、不正解！

「そういえば、けっこう腹筋をがんばったことがあるけど、結局、お腹はへこまなかったな……」という苦い経験をお持ちの方もいらっしゃるでしょう。

**お腹をへこませるのに、もっとも効果的なトレーニングは、実はたったの3つ。それはスクワット、プッシュアップ（腕立て伏せ）、プルアップ（懸垂）**です。

「えっ？ お腹周りとこの3つの運動って全然関係ないでしょ？」

たしかに、この3つの運動で鍛えられるのは次の個所の筋肉です。

- **スクワットで鍛えられるのは脚（太もも）と臀部（お尻）**
- **プッシュアップ（腕立て伏せ）で鍛えられるのは胸**

## ・プルアップ（懸垂）で鍛えられるのは腕と背中

腹筋とは一見関係がなさそうです。しかし、いくつか大きな共通点があります。それは、どれも**「大きな筋肉」**だということ。改めて、ブラピやEXILEのメンバーなどの体を観察してみてください。太もも、お尻、胸、腕、背中といった部位に、大きな筋肉がついていることがわかるはずです。

では、このような大きな筋肉を鍛える意味は、どこにあるのでしょうか。実は大きな筋肉は大きな力を出すことができ、その分、大きなエネルギーが必要になります。つまり、**大きな筋肉は「消費するエネルギーが多い」**のです。

もうおわかりですね。**大きな筋肉を鍛えることで、消費するエネルギー量は多くなり、その結果、脂肪もどんどん燃焼**します。そして、脂肪さえ落としてしまえば、その下に隠れていた腹筋が、少しずつ姿を見せ始めるのです。

一言サプリ！
**毎日腹筋300回よりもスクワット50回のほうが効果あり**

05

# 最小限の努力で最大の効果が得られる3つの基本トレーニング

繰り返しますが、読者のみなさんに目指していただきたいのは、「ボディビルダーのような筋肉ムキムキの体」ではなく、「ハイパフォーマンスな体」です。「ハイパフォーマンスな体づくり」を実践することで、結果的にいわゆる「細マッチョ」の肉体が得られるようになります。

前のページで、お腹をへこませるのに、もっとも効果的なトレーニングは、スクワット、プッシュアップ、プルアップのたった3つだとお伝えしました。復習になりますが、それは体のなかでも「大きな筋肉」が鍛えられるからでしたね。

ではこの3つのトレーニングを続けると、大きな筋肉だけが発達するのでしょうか。いいえ、違います。こうした**トレーニングに励むと、結果として、腕や肩、腹筋などはもちろん、それらの部位を補助する「小さな筋肉」も同時に鍛えられる**ことになるのです。

ボディビルダーやアスリートは、「自分のイメージする体になりたい」、「体の機能を強化したい」という思いをそれぞれ持っていますから、当然、増量したい筋肉が異なります。彼らはそのために、スクワット、プッシュアップ、プルアップ（あるいは、それらに準ずるトレーニング）に加え、さらに補助的なトレーニングを、こつこつ地道に積み重ねていくのです。

しかし、読者のみなさんの目的は「競技」ではありません。必要以上に上腕二頭筋を太くしたり、胸筋を分厚くすることはないのです。**プッシュアップやプルアップだけでも、十分すぎるほど「筋肉質でカッコいい腕」や「たくましい胸板」は得られます。**

この「3つのトレーニングで十分」という考えかたは、「ハイパフォーマンスな体づくり」には必要不可欠です。というのも、忙しいビジネスパーソンにとって、たとえそれが1日15分であっても、「貴重な時間を費やす」ことになるからです。

60分ではなく30分、30分ではなく15分。そんな**短い時間で、しかも、なぜスクワット、プッシュアップ、そしてプルアップといったシンプルなトレーニングをすすめるのか。それは「最小限の時間で最大の効果を得られる」から。**

できる範囲でかまいません。スマホやネット、テレビにかけている時間をほんの少しだけ、トレーニングに割くだけで驚くほどの変化を実感できること、間違いなしです。

一言サプリ！

**大きな筋肉を優先して鍛えると、「最小限の時間」で「最大の効果」が得られる！**

## 06

# 情報の海に溺れるな！
# 安易なトレーニング法では効果ゼロ!!

「5日間で体重が5キロ減った！」とか「運動しないで体重を減らす！」といった安易なダイエット法が、ことあるごとに語られています。

一方、「筋トレ」についても、あまり効果的とは思えない「俗説」を耳にする機会が増えました。なかでも、よく尋ねられるのが

「腕立て伏せを10回×3セットやれば、胸筋が鍛えられるんですよね？」

というものです。

どういうわけだか、筋トレに興味がある人ほど、この「10回×3セット」という神話を信じているようなのです。しかし、**人によって体格も体質も異なりますから、誰でも「10回3セット」で体が引き締まるわけではありません。**

むしろ、わたしは**「もう無理だ！」と感じる限界まで、たとえばプッシュアップを続けてもらうほうが、誰に対しても効果てきめん**だと思っています。20回でも30回でも40回でも、ぎりぎりまで追求してみましょう。

とくに初心者の場合、翌日、筋肉痛になるくらいまでプッシュアップで追い込まないと、胸筋のありかなどは意識できません。**痛くなって初めて、胸の筋肉というものが、どういう形で広がっているのか、身をもって「体感」できる**のです。

もちろん、それは腕の筋肉でも背中の筋肉でも同じです。ぼんやりとしか理解できていなかったものを、痛みによって、はっきり認識しておくこと。これは後々出てくる「スキマ筋トレ」や「マッスルコントロール」でも、大きなポイントになります。

また、トレーニングの世界では、ジムでバーベルなどの重さを徐々に増やしていくように、負荷が重くなればなるほど効果的で正しい鍛えかたとされています。これは間違いではありませんが、いちばん効果的かというと、必ずしもそうではありません。

先ほどから解説しているように、家でのスクワットも十分効果的です。もちろん、ジムは便利ですが、機材が揃いすぎている分、トレーニングをやりすぎてしまう危険性もあります。

トレーニングの世界も日進月歩。したり顔で話される内容、常識などはまずは自分で試してみること。そのうえで、効果がなければスパッとやめてしまうほうが、体にとってよっぽど良いこと、いうまでもありません。

一言サプリ！

**10回×3セットは何の意味もない！**

07

# なぜトレーニングに最適な時間帯は「朝」なのか？

ビジネスパーソンの1日は、「他者のための時間」が大半を占めています。そのため、どうしても難しいのが、トレーニングの時間をいつつくるのかということ。日中は基本的に仕事ですから、「自分のための時間」を設けようとしたら、深夜か早朝になってしまいます。となると、わたしの答えはひとつ、早起きするしかありません。なぜなら**一番邪魔されずに自分の時間を使えるのが朝**だからです。

事実、わたしは4時半に起床しています。トレーニングに30分、読書に60分を費やすと、だいたい6時。そこから朝食や出勤の準備を始めます。

「早起きは三文の徳」ということわざ通り、早朝からの活動は「ハイパフォーマンスな1日」を過ごすためにも効果的です。わたしは「誰も起きていない時間なのに、こんなに早起きして、有効に使っているぞ！」と思いながら、トレーニングや読書に励んでいます。**ただの「自己満足」のように見えるかもしれませんが、こうした前向きな感情は「自己肯定」の感覚を与えてくれます。単純な話、自信につながる**のです。

そうはいっても、出勤前という忙しい時間帯に、トレーニングのための時間をつくるのはなかなか難しいでしょう。そこで、参考までに、朝・昼（午後）・晩・寝る前、この4つの時間帯ごとに、メリットとデメリットを挙げてみます。

・**朝**（起床後）

メリット……出勤前なので疲労していない状態。フレッシュな状態で取り組める。起きがけで体温も心拍数も低い体をすぐにトップギアに入れられる。

デメリット……とくになし。

・**午後**（昼食後）

メリット……午後の眠気が覚める。血液が循環しパフォーマンスが上がる。

デメリット……勤務時間中で時間を割くのは困難。昼休みを活用する方法もあるが、食事の時間が大幅に減る。

・**晩**（アフター5）

メリット……仕事が終了しているので、集中して取り組める。

デメリット……疲労が一気に出てくる時間帯。残業やアフター5のつきあいで計画が流れる可能性も高い。

・**寝る前**

メリット……すべてのタスクが終了。何事にも左右されずに集中できる。

デメリット……神経が活発化し、安眠できない。また、詳しくは項目「43」（P142）で説明するが、「食後の運動」は実は体に大きな負担となる。避けたほうがいい。

生理学的には、トレーニングにもっとも適した時間帯は「昼から夕方にかけて」だと言われています。しかし、わたしに言わせると、前に理由を述べたように、どう考えても朝がいちばんトレーニングに適しています。ただし、大前提として、継続的に実行できなければ何の意味もありません。まずは自分の生活スタイルに応じて、無理なく続けることができる時間帯を見つけること。そこから始めましょう。

一言サプリ！

**まずは2週間の朝トレから、心と体を変えていこう！**

## レベルによって時間帯の重要性は変わる

本文では、筋トレ初心者にとっていちばんトレーニングに最適な時間帯を紹介しました。では、筋トレを続けていってもっとハードなことにチャレンジしたくなった場合、どの時間帯でやるのが最適なのか。初心者と比べながら見ていきましょう。

**朝（起床後）**

初心者：初心者にとっての朝のトレーニングはいわば1日の目覚め。しっかりと基礎トレーニングをし、だるく、もやっと頭をシャキッとさせる絶好のチャンスです。起きて水を飲んだら、トレーニングに移りましょう。

上級者：上級者にとって初心者のトレーニングメニューは、いわばウォーミングアップ。その後、さらに負荷の強いトレーニングを行うことになりますから、むしろ、体温が低い朝はじっくりとウォーミングアップする必要があります。すぐにトップギアに入れたら怪我の元です。

**午後（昼食後）**

初心者：食事をした後、眠くなる可能性大ですから、そうしたときにスクワットなどちょっとした筋トレをすると、頭への血流がスムーズになり、眠気も吹っ飛ぶでしょう。ただ、逆にいうと、時間的にも物理的にも、それくらいのことしかできないと思われます。

上級者：本文でも触れましたが、実は上級者にとってこの時間帯こそがベストタイム。すでに、朝食、昼食を食べていますからエネルギーが充てんされており、体温も活発なレベルにまで上昇しています。ですから、この時間帯にハードなトレーニングをするのがいちばんいいのです。

**晩（アフター5）**

初心者：仕事が終了した後にトレーニングを行うので、集中して取り組めるのがこの時間帯最大のメリットです。ただ、飲み会に行く仲間に背を向けてトレーニングする、なんてことはできないでしょう。しかも集中するだけなら朝でもできます。つまり、この時間は脱トレーニングタイムと捉えたほうがいいと思われます。

上級者：やはり、仕事が終了しているでしょうから、集中してトレーニングに取り組めるというのがメリットです。しかも、体温も1日でもっとも安定しており、まさに筋トレにうってつけの時間帯なのです。ここまで好条件が揃えば、よほどの人からのお誘いなどがない限り、飲み会はパス。しっかり汗を流すべきでしょう。

**寝る前**

初心者：この時間帯は基本的に仕事は終わっていることでしょうから、トレーニングをする時間を設けることはできるでしょう。ただ、この時間に運動することで神経が活発になり眠れなくなってしまうと、朝のトレーニングにも影響が出てきてしまいます。1日、1週間のリズムを崩さないためにも、空き時間はほかのことにあてたほうがいいでしょう。

上級者：上級者もこの時間帯まで仕事を引っ張ることはそうそうないでしょうから、集中してトレーニングに打ち込める時間帯であるのは間違いありません。ただ、やはり寝る前に運動を行うと、脳への刺激が強すぎるので、極力避けたほうがいいでしょう。寝る直前の運動は睡眠にとっての大敵です。

## 08

# 超多忙でも筋肉は動かせる！「スキマ筋トレ」で時間を有効活用!!

前項で朝、昼、晩、寝る前、それぞれの時間で行うトレーニングのメリット、デメリットを紹介しました。しかし、「どうしてもトレーニングの時間がとれない……」とあきらめムードの方もいらっしゃることでしょう。

そんな方には、少し考えかたを変えて**「スキマ時間の活用」**をオススメしています。これは**トレーニングの時間帯をきっちり決めず、通勤途中や仕事の合間、休憩時間など、ちょっとした時間を有効活用し、エクササイズを実行するやりかた**です。

たとえばスクワット。みなさんご存じだと思いますが、これは時間も場所もとらないトレーニングです。休憩時間など、ちょっとしたスキマ時間を利用して、実行してみてはいかがでしょうか。1分程度の短い時間で、40回ほどスクワットが可能です。

「いやいやいや！　人前でスクワットなんて恥ずかしくてできませんよ！」

たしかに、他人に見られたくない気持ちも、よくわかります。その場合はトイレの個室を利用してはいかがでしょうか。

**スクワットは、短時間でできるだけでなく、実は「眠気覚まし」にもなる**という利点もあります。仕事中、眠くなってしまうという経験は、誰しもあるだろうと思いますが、そうなった場合、トイレに向かい、ひそかにスクワットをすれば、トレーニングにもなるし、眠気も吹っ飛ぶことでしょう。あるいは、単なる気分転換としても効果的ですから、デスクワークに煮詰まったときにも、ぜひ試してみてください。

電車での通勤時は「ドローイン」がオススメです。これはお腹周りと姿勢を意識したトレーニング。詳しくは次のページで紹介しますが、スクワットと同じく、時間と場所をとらないため、「スキマ筋トレ」にはうってつけです。

ちなみに、わたしは満員電車でぎゅうぎゅうに押し潰されるのがどうしても嫌だったので、10年以上も前に自転車通勤に切り替えました。前にも述べたように、自宅と職場の間を片道45分ほどかけて、ゆっくりしたペースで通っています。ただし、**どうしても電車に乗らなければならない場合、吊り革を持った手に力を入れて筋肉に負荷をかける**など、できる範囲で「スキマ筋トレ」をしています。

**平日はできる範囲で「スキマ筋トレ」を行い、休日は集中してトレーニングを行うパターンだと、いっそう効果的**です。とにかく毎日続けること、これが一番大切なのです。

一言サプリ！

**トイレでスクワット、電車でドローイン！**

09

# ただお腹を引っ込めるだけでOK 腹筋と姿勢への効果抜群な「ドローイン」

近年、テレビや雑誌などのメディアでも取り上げられるようになったこともあり、これから紹介する「ドローイン」の知名度はかなり上がってきました。わたしは、スクワット、プッシュアップ、プルアップとともに、このドローインを合わせ技として行うことを強くオススメしています。

その理由は、多くの方が気にしているぽっこりお腹をへこませるのに効果的で、非常に簡単、かつ、どこでもやれるからです。では、やりかたを説明しましょう。

リラックスした状態で、お腹を引っ込めます。以上です。

「え？　それだけ？」という声が聞こえてきそうですね。もちろん、もう少し詳しいやりかたは39ページの図版で説明しますが、この「それだけ」が非常に重要な意味を持つのです。

一般的に、ぽっこりお腹、だらしないお腹というと、みなさんが想像するのは、ぜい肉がぼてっとついたお腹周りのことでしょう。このお腹についた脂肪は、前に説明したように大きな筋肉を鍛え代謝を上げることで燃焼できます。

しかし、これだけでは100％引き締まったお腹にはなりません（もちろん、筋トレをする前とは格段に、お腹周りは変化しているでしょうが）。実は、**ぽっこりしたお腹**

**のもうひとつの原因は、〝たるんだ腹筋〟にある**のです。

「たるんだお腹のぜい肉というのはよく聞くけど、たるんだ腹筋なんて聞いたことありませんよ」

たしかに、そうだと思います。なぜ聞いたことがないのか。それは、たるんだ腹筋の原因となっているのが、腹筋のいちばん下に隠れており、意識するのが難しいインナーマッスルのひとつ「腹横筋」だから。

こうした体の奥深いところにある筋肉は体幹支持筋群とも呼ばれように、まさに体の軸となる筋肉です。正しい姿勢の維持や、背骨の安定性などに重要な役割を果たす、体のバランスを保つのに欠かせない筋肉なのです。

実をいうと、筋トレの専門家であるはずのボディビルダーでさえも、この筋肉を意識している人は少ないのです。だから、腕がぶっ太く胸が大きくても、腹筋がだらしないビルダーが意外と多いのが実情なのです。

この腹筋の内側にある腹横筋を鍛えれば、正しい姿勢が保てるようになります。と同時に、放っておくと下がってしまう内臓が、本来あるべき位置に戻り消化機能も向上、基礎代謝も上がっていくのです。すると、美容効果や健康増進、また腰痛などの防止へとつながります。その第一歩が「へこますだけ」なのです。

なお、ボディビルの世界では、「ストマック・バキューム」と呼ばれるポーズがあります。これはいわばドローインのさらに上のレベルのワザ。まさに胃（ストマック）が吸い上げられる（バキューム）くらい、腹筋を肺のほうに持ち上げるということです。

また、格闘技界では有名なブラジリアン柔術一家のグレイシー家の面々が、あぐらを組んでお腹をペコっとさせている映像が、よく格闘技番組で流れましたが、あれはボディビルというより、呼吸なども意識したヨガの動きですね。

もちろんストマック・バキュームもグレイシー一家的なドローインも、最初はできなくてかまいません。先ほども説明したように、わたしがまずオススメしたいのは、太っている人が痩せているように見せかける際にやるような、ただ単にお腹を引っこめるだけというもの。これをスキあらばやるだけでも、前に述べてきたような効果は十分望めます。とにかく、いつでもどこでも実践できます。ぜひ試してみてください。


一言サプリ！

**ただお腹を引っ込めるだけ。そこから自己流で負荷をかけてみよう！**

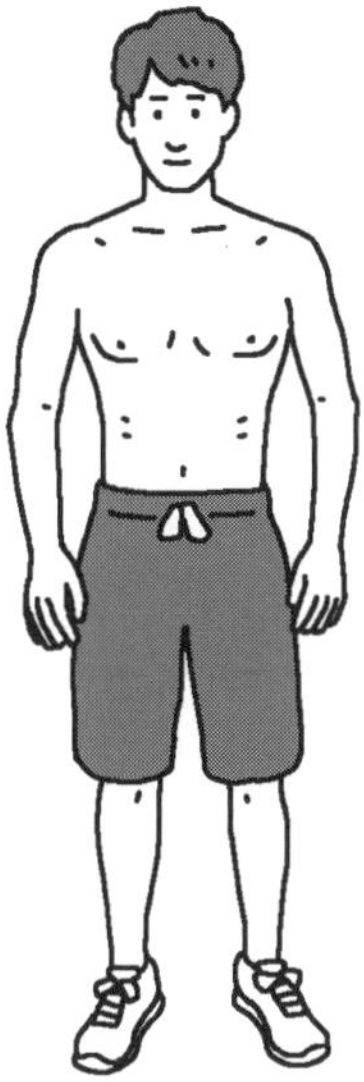

## ドローインのやりかた

本文ではドローインはただお腹をへこませるだけでいいと述べました。もちろん初心者はそれでかまいませんが、慣れてきたら、もう少し本格的なドローインがやりたくなるはず。そこで、以下に本格的なやりかたを説明しましょう。本格的とはいえ、たったこれだけ。休憩を少し入れても3分間もかかりません。ぜひトライしてみてください。

1 リラックスした状態で立つ

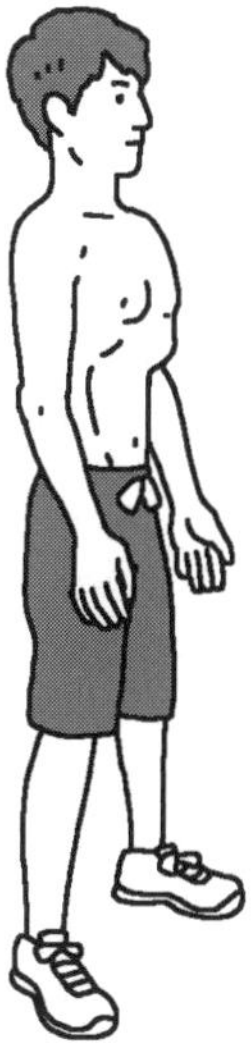

2 へそを意識して引っ込める。腹筋の奥の筋肉を背中にくっつけるイメージで

3 2と同時にトイレをガマンするようお尻の穴に力を入れた状態をキープし、内臓を上にグッと上げる

4 リラックスした状態で、腹筋にのみ集中して、1と2を繰り返します。

※5〜10秒キープ×10セット

10

# 筋トレの効率がケタ違いに上がる驚きの「マッスルコントロール」効果!

「マッスルコントロール」という言葉を耳にしたことはあるでしょうか。聞いたことがないという方が大半かもしれませんね。フィットネスの世界やボディビルディングの世界では、けっこう重要な概念です。

マッスルコントロールを解説する前に、そもそも筋トレをすると、なぜ筋肉が発達するのか、その理由を簡単に説明しましょう。

筋トレとは筋肉に「負荷」を加える行為です。それによって、筋組織はいったん壊れますが、睡眠時間を含め、トレーニング後の食事や休息によって、筋組織が回復し、より強い筋肉へと発達します。**筋肉をつけるには、負荷を与えることが大事**なのです。

一方で、マッスルコントロールは、読んで字のごとく、筋肉を自分の意志でコントロールすることを指しています。テレビなどで、ボディビルダーが胸筋を自由に動かしている映像を見たことがある人も多いと思いますが、マッスルコントロールを身につけると、あのような形で筋肉を意識的に動かすことができるようになります。

先ほど、筋肉に負荷を加えると述べましたが、別の言い方をすると、これは「筋肉に刺激を与える」ということでもあります。ボディビルダーが鏡の前でポーズをとっているのは、筋肉をより強く収縮させるため。つまり、自分の姿を見ながらマッスルコントロールを行っているということなのです（もちろんナルシスト的な要素もゼロではありませんが……）。こうした動きだけでも、筋肉は発達します。つまり、必要なのは**「鍛えたい部分の筋肉を意識し、緊張を与えること」**なのです。

ではなぜ、ボディビルダーは鍛える際に、つねに筋肉を意識するのでしょうか。よく「筋肉と会話する」などとその世界では言いますが、何も意識せず鍛えるのと、きちんと筋肉を意識してトレーニングするのでは、効果に大きな差が出ます。というのも、**脳から信号が筋肉に送られ、その動きが活性化する**からなのです。

また、前項でドローインを解説しましたが、インナーマッスルの「腹横筋を意識すること」も、マッスルコントロールの一種といってよいでしょう。

もうひとつ、マッスルコントロールの一例として、立った状態で「肛門をぎゅっと締める」トレーニングをしてみましょう。そうすると、肛門の周囲にある「骨盤底筋」や、お尻の筋肉である「大臀筋」が収縮するのがわかるはずです。

ちなみに、骨盤底筋は腹筋内部にあるインナーマッスルとつながっているので、この「肛門をぎゅっと締める」トレーニングは、腹筋と大臀筋、両方を鍛えることができます。お腹をへこませ、お尻もシェイプアップできるという意味では、これも一石二鳥といえるわけです。

マッスルコントロールを自在に操れるようになると、筋肉が収縮するよう脳から意識的に指令を出せるわけですから、筋トレをしなくても、ある程度、筋肉を発達させることができるようになります。しかし、「鍛えたい筋肉を意識できること」が大前提なので、まずは項目「06」でも紹介したように、筋肉痛になるくらい筋トレで体を追い込み、腕、胸、背中、太ももなどの筋肉を、はっきり認識できなければなりません。

いずれにしても、マッスルコントロールを体得すれば、「スキマ筋トレ」の幅も大きく広がるはずです。また、時間がないビジネスパーソンにとって、効率よく筋肉をつける効果も望めます。さらには、**意識を1点に凝縮させるという点では、精神的な集中力を高めることにも役立ちます。**

このように、**筋肉を意識する=マッスルコントロールを行えば、それを知らなかったころに比べて、パフォーマンスアップへのスピード感が段違いに増す**のです。

一言サプリ！

**わたしは朝起きて、何よりも先に、まず、自分の筋肉と会話を始めます（笑）。**

## マッスルコントロールとは？

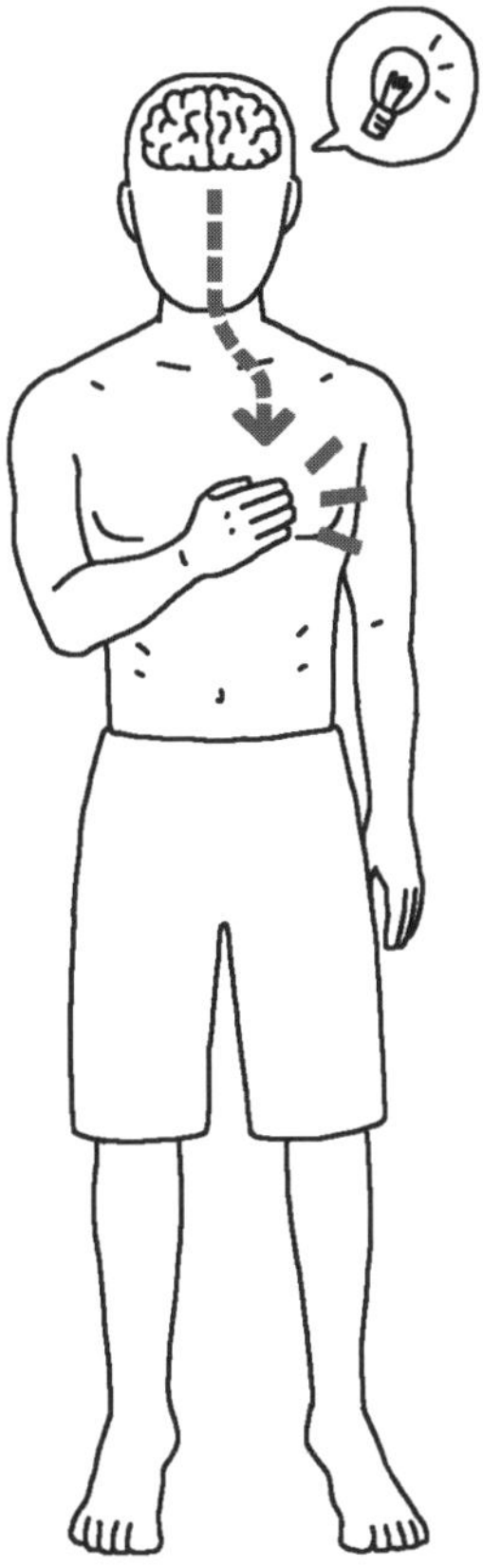

・トレーニングの前に鍛えたい筋肉を意識するのが大事
・意識して筋肉を鍛えると無意識よりはるかに効果が上がる
・筋肉のありか、存在は筋肉痛などになってわかる
・初心者は筋肉痛などでない場合、これから鍛えたい筋肉の場所をまずは手で触ってみる
・そうして、筋肉のありかを意識したのち、そこを鍛える筋トレを行う
・筋トレ中も意識した筋肉を忘れないようにする
・スクワットだったら太ももを時おり手で確認してみる
・筋トレマニア、プロのボディビルダーではマッスルコントロールは常識
・彼らはマッスルコントロールを「筋肉との会話」と捉える。

例．2015年５月４日

筋トレ大好き芸人、松本人志さんが
ツイッターでつぶやいた言葉。

「腹筋。胸筋。上腕二頭筋。背筋とも話せるようになった。。。
でもこの共感を誰とも話せない。」

## 11

# 最前線のビジネスパーソンにコンディショニングが必要な本当の理由

この章の最後に大事なことをお伝えします。

「はじめに」でもお伝えしたように、私は日体大荏原で日々「アスリート」を指導しています。当然のことながら、アスリート向けのプログラムと、「ビジネスパーソン」向けのプログラムはまったく異なりますが、基本となるコンセプトは実は一緒です。

それは、**筋力を鍛えるために必要なトレーニングと、体にとって本当に必要なものを摂取する「食生活」が相まって、初めて正しい「コンディショニング」が実現できる**ということ。運動する、体を鍛えることだけに偏っていては、正しいコンディショニングとは言えません。

「筋肉をつける」ためには、当たり前の話ですが「食べ物」は必要不可欠。つまり、みなさんの「食べる」行為が、そのまま「体づくり」に直結しているわけです。

そして、そうしたコンディショニングの結果得られるもの。それが「ハイパフォーマンスな体」というわけです。ただし、本書でいう「ハイパフォーマンス」とは、その時々で「瞬間最大風速」を記録することではありません。ハイパフォーマンスという言葉からは、どうしても「テンションの高さ」や「一時的なピーク」をイメージしがちですが、本書でお伝えしたいのは、そうではなく、ズバリ、オン、オフを問わず「つねに最高の力を発揮できる体のつくりかた」なのです。

さらに重要なのは、そうしたハイパフォーマンスな体が手に入った先に広がる世界。「つねに最高の力を発揮できる」わけですから、平日、休日問わず、朝起きてから夜寝るまで、いや、寝ている間も含めて、生きているのが楽しくて仕方なくなります。つまり、ストレスとは無縁の世界に到達できるというわけです。

いわば**「ハイパフォーマンスな体」とは、「健康で長生きできる体」ということ。**

「え？　それって普通じゃない？」と思う方もいらっしゃるでしょう。では、胸を張って「自分は十分に健康で、病気もせず、長生きできる自信がある」と断言できる方はどれくらいいるのでしょうか。

仕事で成果を収めるということはもとより、人生を最高のものにするということ。これこそ「できる人」が、もっともこだわっているところです。長期的な目標から逆算した体づくりを、つねに心がければ、おのずと理想の体が手に入るでしょう。

一言サプリ！

**できる人の究極のゴールはストレスフリーという最高の人生だ！**

## 鍛えるべき大きな筋肉

この章で紹介した３つのトレーニングで鍛えられる
４つの大きな筋肉を紹介しましょう。

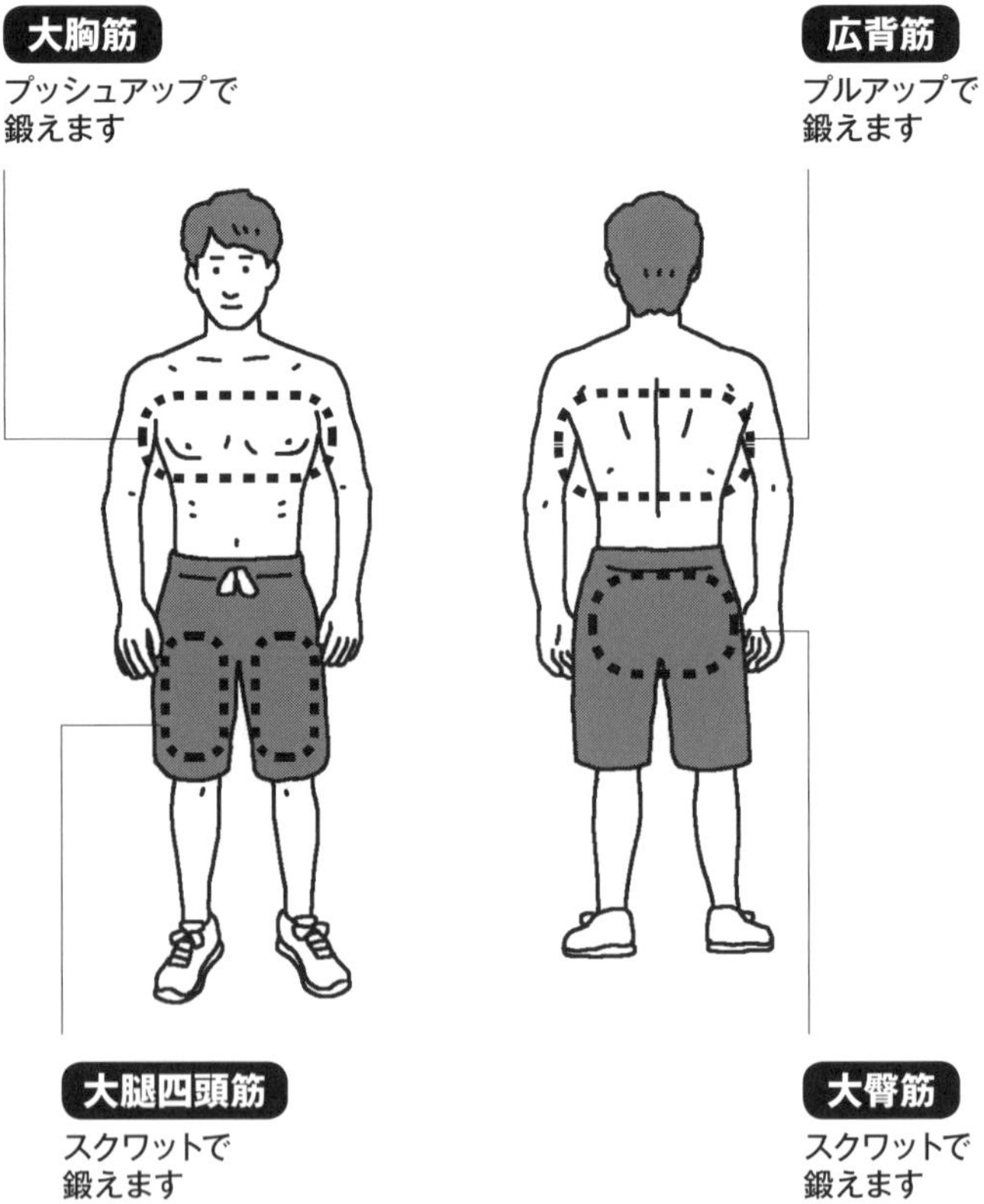

# スクワットのやり方

## 1 基本姿勢

・足の幅は肩幅より少し広めに
・つま先は自然な向きで OK
・目線は常に前方に向ける
・胸を張る
・腕の位置は自由（前方に伸ばすとバランスがとりやすい）

## 2

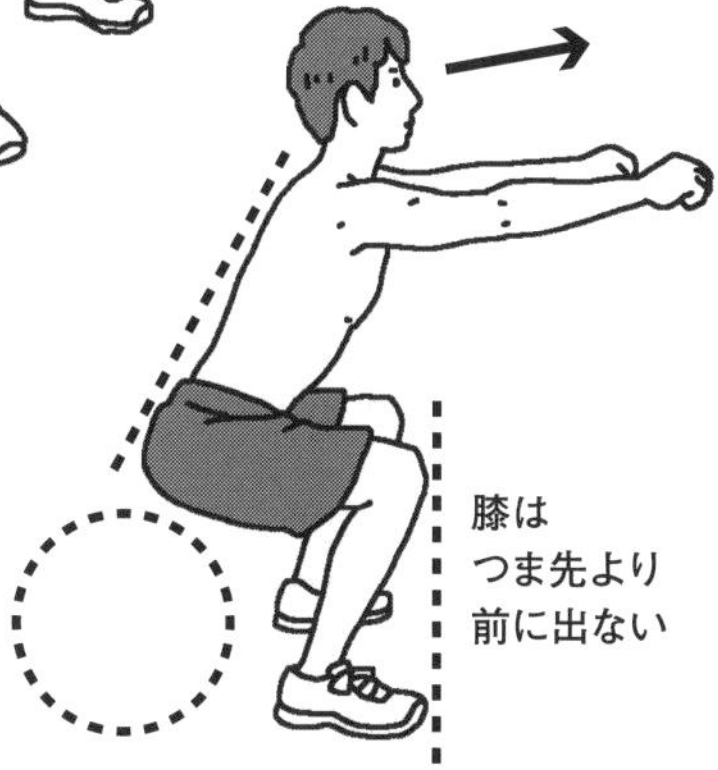


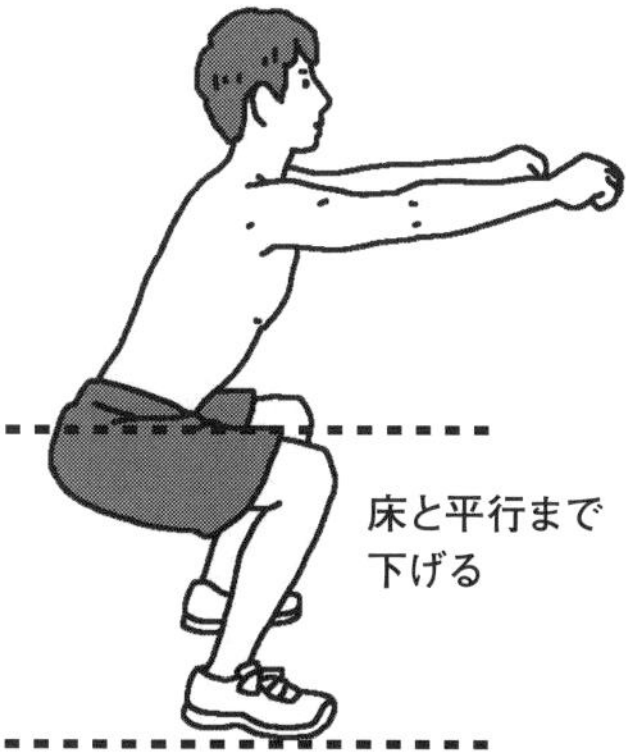


### 下げる・上げる動作のポイント

・胸を張り、背中を丸めずにしゃがむ
・できるだけ、ゆっくり下げる（目安３秒）
・太ももが床と平行になるところまで下げる
・お尻を突き出し椅子に座るようにしゃがむ
・膝がつま先より前に出ないように心がける
・スタート時のフォームに戻る
・できるだけ、はやく上げる（目安1秒）
・動作全体を通して、つま先と同じ方向に膝を動かす

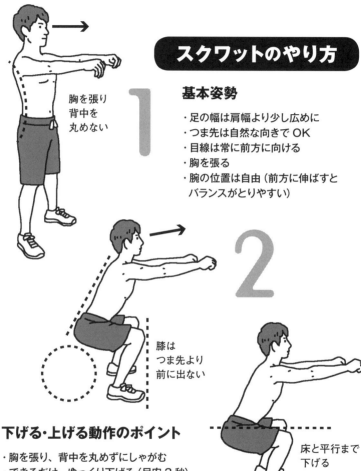

## プッシュアップのやり方

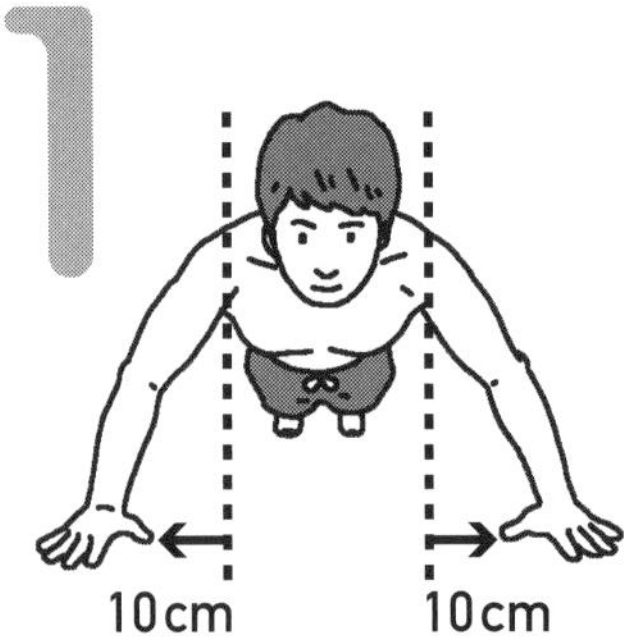

### 基本姿勢

・手の幅は肩幅より少し広め
・指先は自然な向きで OK
・目線は前方に向ける
・身体は常に一直線を保つ
・肋骨を寄せ、胸を張る

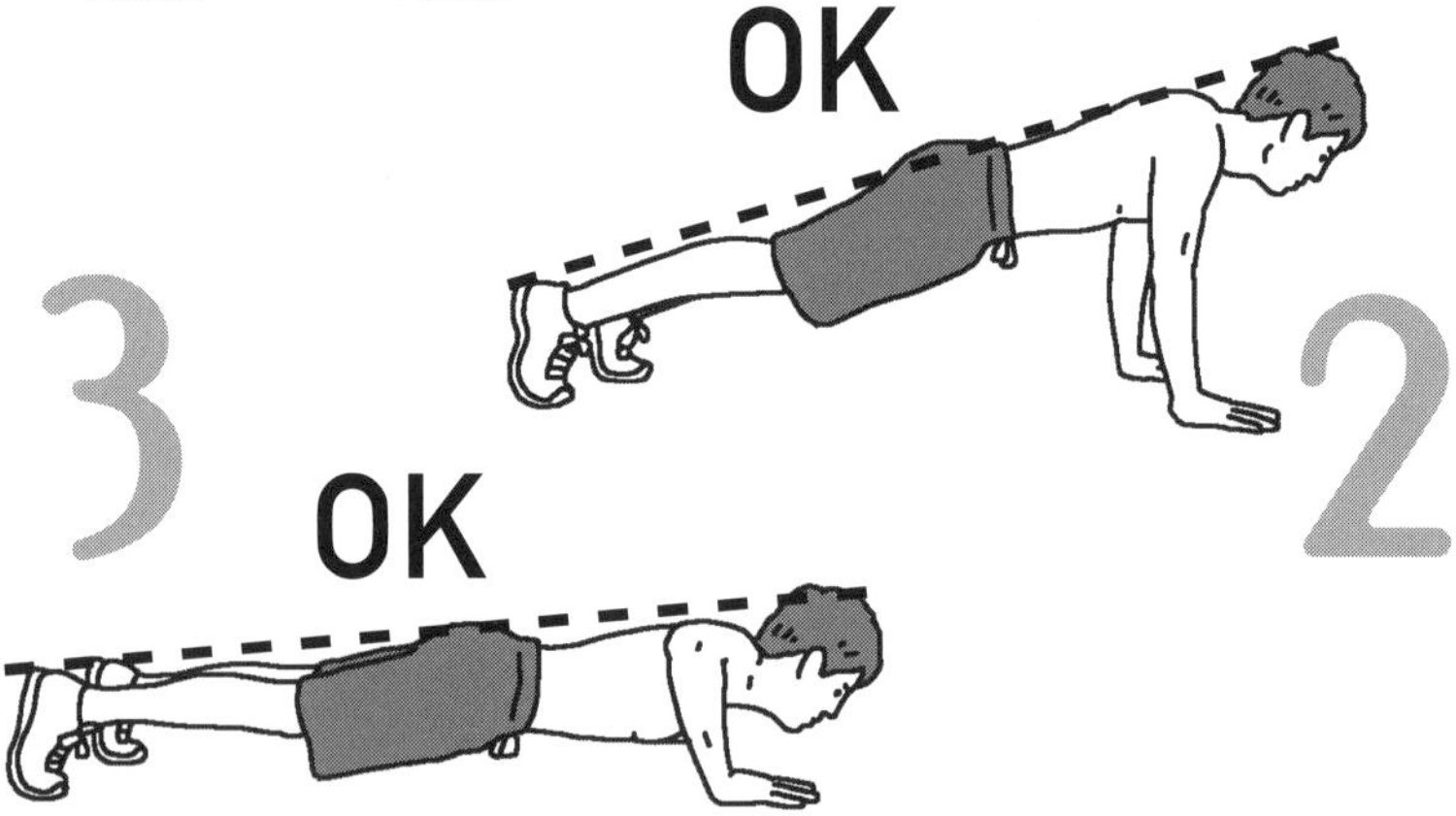


### 下げる・上げる動作のポイント

・基本姿勢を保ったまま、あごを床につけるように下げる
・できるだけ、ゆっくり下げる（目安 2 秒）
・スタート時のフォームに戻る
・できるだけ、はやく上げる（目安1秒）
・ひじはロックしない（伸ばしきらない）

# プルアップのやり方

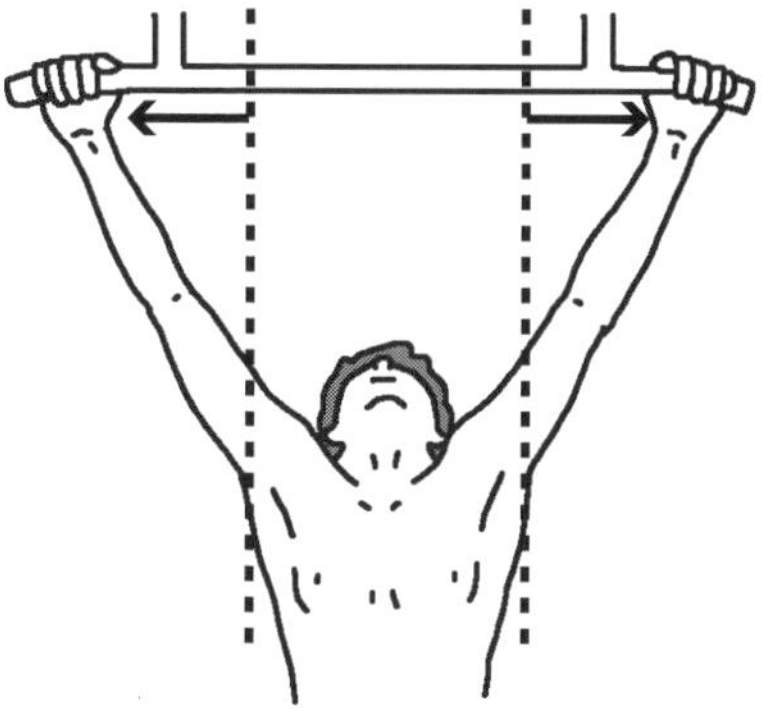


## 1

### 基本姿勢

・バーグリップ（手の甲が自分に向いた握り）でぶら下がる
・握り手の幅は肩幅より広めに
・目線は上方（バー）に向ける
・胸を張り、足を後方で組む

## 2

### 引き上げる・下ろす動作のポイント

・上半身を反らした状態のまま上げる
・バーを胸に引き付けるイメージで
・引き上げは最高でもアゴの高さまで
・肩をすくめないように
・できるだけ、ゆっくりと上げる
・力を抜かず、ゆっくりと下ろす
・スタート時のフォームに戻る
・ボトムポジションでも力は抜かない

第1章
の
まとめ

Check Point

・まずは筋肉をつけて基礎代謝を上げるのがハイパフォーマンスへの第一歩
・トレーニングをしないと筋肉は確実に落ちていく
・ダイエットは一時的、ハイパフォーマンスな体づくりは長期的
・毎日1時間の有酸素運動より、5分のスクワットのほうが効率的
・鍛えるべきは小さな筋肉ではなく、大きな筋肉
・トレーニングはスクワット、プッシュアップ、プルアップだけで十分効果あり
・回数、セット数より、筋肉の痛みのほうが大事
・通勤中にお腹をへこませているだけでもぽっこり腹解消
・トレーニングにもっとも適した時間帯は朝
・トレーニングの際には、マッスルコントロールを忘れずに

第 ② 章

# ハイパフォーマンスの
# カギを握る
# オンオフの秘けつ

12

# なぜ前の日の疲れがなかなか抜けないのか？

**疲れには2種類あります。肉体的な疲れと精神的な疲れ**です。このふたつを厳密に区別するのは難しいのですが、だからこそ「体と心は表裏一体」ということをうまく利用し、体の疲れを軽減することで、心も前向きになれるような、そんなヒントをここから紹介していきましょう。

そもそも、**人間はなぜ疲れるのでしょうか。理由のひとつとして「自律神経のバランスがとれていないこと」が挙げられます。**自律神経の役目は、さまざまな機能のコントロール。内蔵や血管の動きを自動的に調整し、体内環境を活性化する働きをしています。この「自動的に」というのがポイントで、逆に自律神経の動きを、「意識的に」コントロールすることはできません。

自律神経は「交感神経」と「副交感神経」のふたつで構成されています。**交感神経は日中の活発な動作を、副交感神経は睡眠時や休息時の体を、それぞれコントロールしている神経系**です。交感神経が働くと、心臓が活発に動き、血流のめぐりも良くなり、脳は活性化。副交感神経が働くと、胃液などの分泌が増え、消化活動が盛んになるとともに脳の活動が鎮まり、ときには眠気をおぼえます。

このふたつの神経は、どちらかの働きが強まれば、どちらかの働きが弱まるといった形で、つねに並行して活動しているのですが、**仕事に没頭して、交感神経だけが活発に動いている状況が続くと、わたしたちの体は次第に疲労を感じる**ようになります。酸素や血糖が少なくなり、血流が滞ってしまうためです。

このところ、前の日の疲れがなかなか抜けないなぁという方も多いと思います。その理由は、目の前の仕事に打ち込みすぎて、適度な休養をとっていないから。せめて**２時間に１回程度、意識して小休憩をとる**ことを心がけてください。

なかには、疲れて帰宅し、シャワーを浴びたらバタンキュー状態、そのまま寝てしまうという方もいるでしょう。ときおり「夜や休日は、じっと横になっているのに、疲労が回復しないことも多いんです」という相談を受けますが、原因としては良質な睡眠をとっていないことが考えられます（そのほか、運動不足や食事の内容など、慢性疲労の原因は、たいてい、いくつかの要素が複合的に絡んでいます）。

疲れをとるための方法としては、以下の３つがオススメです。

- **バランスのとれた食事**
- **効果的な入浴**

・良質な睡眠

さらに、仕事中に実践できる手軽な休息法として、以下の3つを意識しましょう。

・目を閉じる
・深呼吸する
・動的ストレッチを行う

見ていただければわかる通り、いずれも簡単なことばかりです。ただし「動的ストレッチ」などは聞いたことがない方もいることでしょう。それも含めて「ハイパフォーマンスな体づくり」の効果をさらに高める、オンとオフの使い分けメソッドについて、これから解説していきましょう。

一言サプリ！

**オンとオフを上手に切り替え しっかりと体内リズムを整えよう！**

## 交感神経、副交感神経の働き

日々の生活で重要なのは交感神経と副交感神経のバランス！

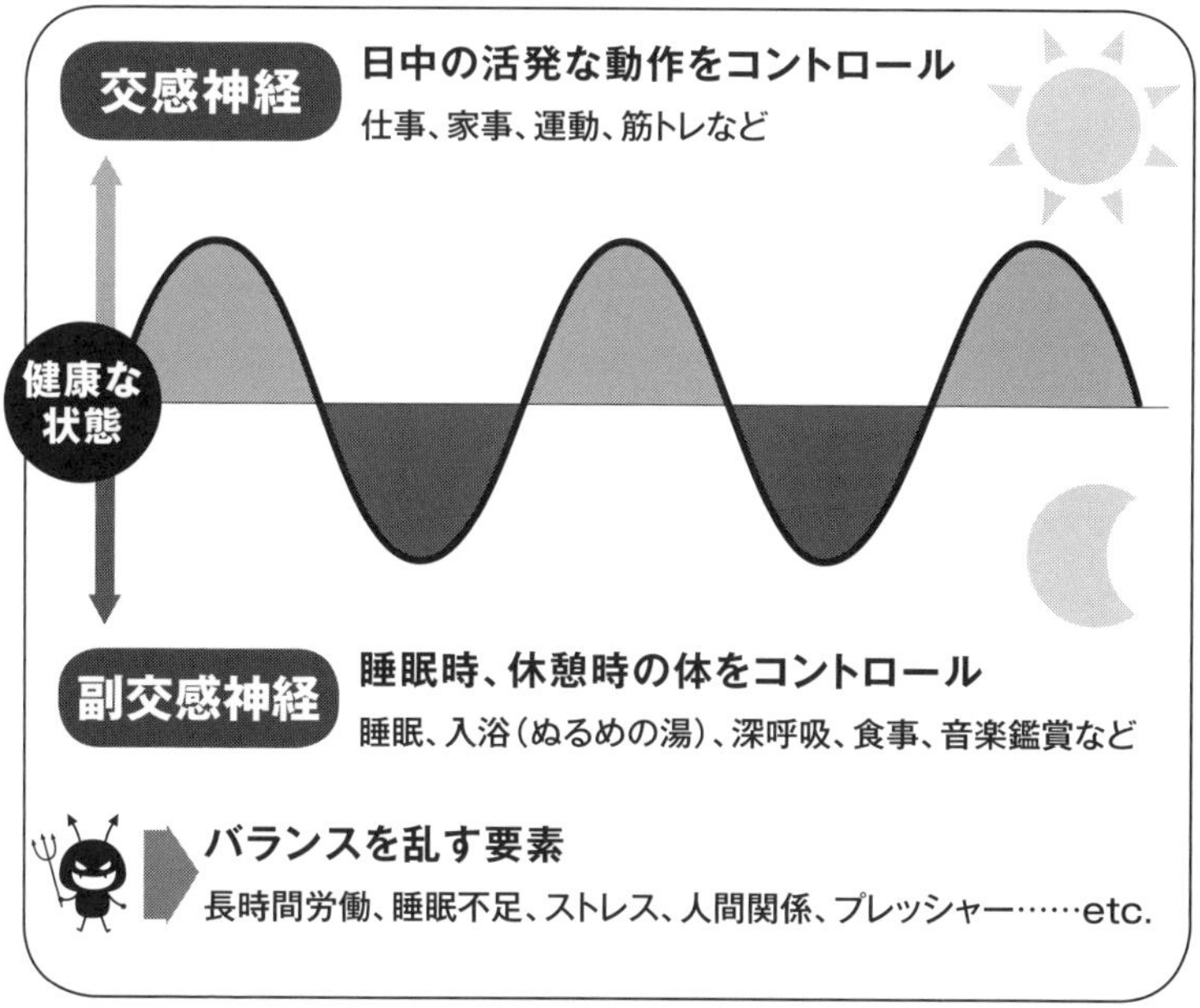


### 自律神経（交感神経、副交感神経）のはたらき

| | 血管 | 血圧 | 心拍 | 筋肉 | 腸 | 発汗 |
|---|---|---|---|---|---|---|
| 交感神経 | 収縮する | 上昇する | 上がる | 収縮する | ぜん動を抑制する | 増加する |
| 副交感神経 | 拡張する | 下降する | 下がる | 弛緩する | ぜん動を促進する | 低下する |

13

# 加齢による「衰え」と慢性的な「疲れ」との違いとは？

元気だった20代の頃に比べ、30代、40代ともなると、なんとなく「疲れやすくなった」と感じている方は多いことでしょう。やはり年齢を重ねると、体力が衰えたり、疲れがたまりやすくなったりするのは、仕方ないことなのでしょうか。

第1章で、何もトレーニングをしない状態だと、筋肉は1年で1％ずつ減っていくという話をしました。**一般的に「衰え」と言われている状態は、ただ単にこの筋肉量が少なくなったというだけ**のこと。**「疲れがたまりやすい」というのも、要は基礎代謝が低下しているだけ。**ですから、筋肉量を増やし代謝を高めれば「衰え」「疲れ」は克服できるのです。

それでは**加齢にともない何が変わるのでしょうか。それは回復力の違い**です。たとえば、20代の方と40代の方が、同じ負荷・同じ回数で筋トレを行ったとします。このあと筋肉は**「超回復」**を行います。これは筋組織に備わっている「修復する力」のことで、超回復により筋組織は太くなり、筋肉量が増加する仕組みになっています。

この超回復には24時間から48時間程度の休息が必要です。回復力の差は、このときあらわれます。20代は24時間休めばいいのに対し、40代は48時間休まないと、超回復の効果が出ないのです（もちろん個人差も大きいので、ここでは話を単純化しています）。

逆に、加齢による違いはそこにしかないと言ってもいいでしょう。**「ハイパフォーマンスな体づくり」においては、20代だろうが40代だろうが、あるいは60代以上であっても、適切な方法でトレーニングを実践すれば、筋肉は発達し、代謝も高まります。**加齢をパフォーマンス低下の言い訳にしてはいけません。

ちょっと脇道にそれますが、わたしが指導している生徒たちは10代ですので、まさに成長期。打てば響くように、筋肉量が増え、体つきはどんどん変わっていきます。その結果、筋トレにハマってしまい、休息が必要であるにもかかわらず、必要以上にトレーニングを行ってしまう生徒もいます。しかし、むやみにトレーニングを重ねても、筋肉は増えません。それどころか、筋組織を痛めてしまう危険性も高いのです。

このオーバートレーニングの弊害と「仕事に集中したい気持ち」を置き換えてみましょう。**超回復のための休息を筋肉が必要としているのと同じく、みなさんの体も適度な休息を欲しています。**そのことを意識し、体に余計な負担を与えない生活を心がけましょう。

一言サプリ！

**休息の時間の確保から逆算して、1日のスケジュールやライフスタイルを見直すのも手！**

14

# ハイパフォーマンスの大敵、目、肩、腰の疲れは「予防」できる!

目がしょぼしょぼする、肩こりがひどい、背中や腰が張っている……といった具合に、疲れを自覚できる状態は、体が危険信号を発していると理解してください。

とくに**目・肩・腰の疲れはハイパフォーマンスの大敵。集中力が失われ、頭の回転も遅くなります。**そうならないためにも、また、こうした疲れを蓄積して、慢性疲労に陥らないためにも、仕事の合間にできるちょっとした予防策をおぼえておいたほうがいいでしょう。

近年はパソコンやタブレット端末、スマートフォンなど、モニタを見ながら仕事をするスタイルも増えているせいか、目の疲れを訴える方が多くなりました。わたし自身、パソコンに30分も向かって作業をしていると、目がしょぼしょぼしてきます。そんなときは、おとなしくまぶたを閉じて、目を休ませるようにしています。

そこでオススメしたいのが、**「50分、パソコンに向かったら、10分間、目を休める」という休息ルール。**

目から入ってくる刺激は強いため、いったん瞳を閉じ、外光を遮断するのがいちばんです。このとき、**蒸しタオルで目の周辺をあたためると、血流が良くなり、効果はさらに高まります。**

とはいえ、職場で蒸しタオルを用意するのはなかなか難しいでしょうから、**使い捨てタイプのホットアイマスクを活用してもいい**かもしれません。

**肩こりの原因は僧帽筋の血流が悪くなっていること。**僧帽筋とは、首の後ろから肩周り、肩甲骨のあたりから背中にかけて発達する筋肉です。デスクワークの場合、長時間、同じ姿勢で仕事を続けることが多いと思いますが、そうすると僧帽筋を中心に筋肉が硬くなり、血液のめぐりが滞ってしまいます。この状態が続くせいで、こりや痛みが生じるのです。

**「肩こりかな」と感じたら、深呼吸をして、体内に大量の酸素を送りこみながら、肩甲骨を上下させたり回したりする運動を、ゆっくり行ってください。**これは肩こりの緩和だけでなく、予防にも効果があるので、目の休息とあわせ、「50分、パソコンに向かったら、肩こり解消の運動をする」というルールを決めておくとよいでしょう。

ちなみに、わたしの周りにも、肩こりに悩まされていた方がいましたが、この簡単なエクササイズを定期的に行ってもらったら、いつしか肩こり知らずの体になりました。

一方、腰痛の原因は今も明確にはなっていません。ただ、現時点で判明しているのは、背筋と腹筋のバランスが悪くなると、痛みが生じるということ。

背筋と腹筋は「拮抗筋」と呼ばれるペアの筋肉群で、片方が曲がると、もう片方は伸びるといった具合に、互いに相反する運動を行っています。腹筋が弱まると、拮抗筋同士のバランスが崩れ、背筋に負担がかかってしまいます。

ですので、腰の痛みを予防するには、腹筋を鍛えるのがいちばん。前章で紹介したドローインを実践し、腹横筋を鍛えましょう。それによって背筋の過度な緊張もとれ、姿勢も正しくなります。

なお、「ちょっと腰の調子がおかしいな」ぐらいに感じたときは、入浴や温湿布などで腰回りの筋肉をあたため、血行をよくするのも効果的です。

ただし、本格的に痛みだした場合は、炎症を起こしている可能性があるので、あたためてはいけません。冷湿布などで冷やしましょう。

もちろんその際は、絶対に無理はせず、おとなしく横になり、腰をいたわってあげましょう。

一言サプリ！

**基本的な考えかたは「予防医学」！無理して悪化したら元も子もない**

## 肩こり解消のストレッチ

ここでは本文で紹介した肩こり解消方法について、イラストで解説していきます。肩甲骨回し・はがしともいうべき方法です。いずれもオフィスでやれると思いますので、イラストを見ながらぜひとも実践してみてください。効果てきめんですから。

椅子に座ったまま、背伸びをして上のほうへ意識を向けながら、手をなるべく上に伸ばしましょう。背泳のように両腕を耳の後ろに持っていき、力を込めるとともに肩甲骨を体の外側へと伸ばしていきましょう。

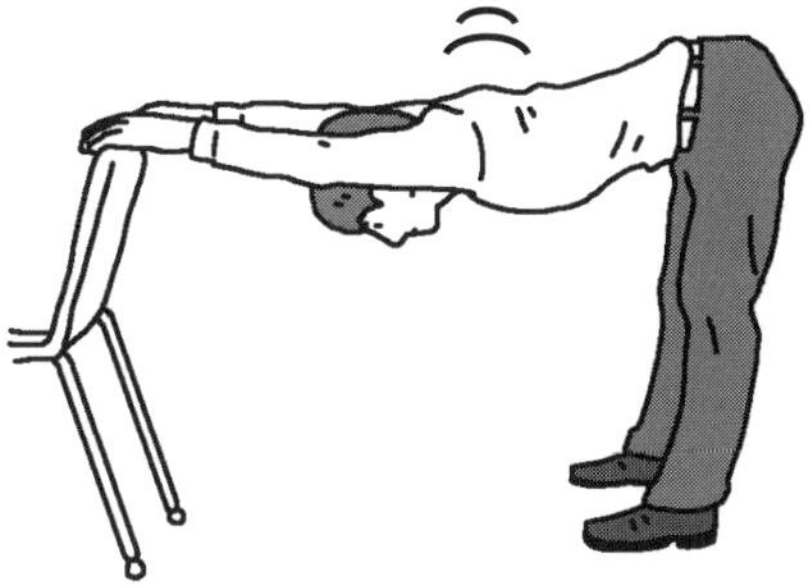

オフィスの椅子の背や机に離れた場所から手を置き、ほぼ直角となるような前傾姿勢を取ります。この際に、肩甲骨が中心に寄るように意識してください。腕のつけ根が伸びるのが感じられるでしょう。10秒キープして2、3セット行うと効果が出ます。

15

# ツラい「徹夜明け」「二日酔い」はこうして乗りきる！

「休めるときはもちろん休みますけど、忙しいときは、そう悠長なことは言っていられないというか……」

こんな状況の方も多いでしょう。

現実問題として、疲れがピークに達している状態なのに、満足な休息をとることができず、そのまま仕事を続けなければならない状況というものは多々あります。

代表的なのが徹夜明けと二日酔い。前者は同情の余地がありますが、後者は自己責任の側面も……という気もしますが、しかし、仕事上のおつきあいで、ついつい飲みすぎてしまったという失敗は誰にでもあることでしょう。

まずは、徹夜明けなのに、仕事に行かなければならない場合の対処法を。

当たり前の話ですが、**朝食はしっかりとる**、これが大前提です。徹夜明けは頭がふらふらで、疲労困憊、食欲も湧かないという方もけっこう多いのですが、食事は大切なエネルギー源です。何度か触れてきましたが、とくに卵には良質なタンパク質が含まれていますから、かならず食べましょう。

また、**ビタミンや糖分を摂取するために、バナナやレモンなどの果物もとってください**。果物の栄養素は、徹夜明けのような非常事態にも役立ちますし、日常的に口にする食べものとしても優れているので、常備することをオススメします。

食後のコーヒーで眠気を覚ましたあとは、**晴れている日であれば陽光を浴び、交感神経を活発に働かせるようにしましょう。**昼食時も同様で、果物からビタミンや糖分を、コーヒーからカフェインを摂取するようにしてください。

また、疲労回復に効果的なのがアミノ酸。こちらは味噌汁がおススメです。

味噌には、メチオニンやトリプトファンといった必須アミノ酸が、たくさん含まれています。さらに、シジミの味噌汁であれば、シジミのオルニチンがアルコールや肝臓内のアンモニアを分解してくれます。つまり、次に紹介する二日酔いにも効くわけです。

ということで、続いて前日に飲みすぎてしまい、二日酔いで出社しなければいけない場合の対処法に移りましょう。

百戦錬磨のツワモノ（?）であれば、おそらく飲んでいる最中から、頭の片隅で「まずいな、今夜はちょっと飲みすぎているかもしれない……」と感じるはず。

そこで意識してほしいのが**「水分」をしっかり補給すること。肝臓でアルコールを分解する際は、大量の水分が必要**になります。

また、アルコールには利尿作用があるので、飲んでいる最中は、どうしてもトイレが近くなってきます。つまり、水分が体外に排出されてしまうのです。そう、飲みすぎの体は脱水症状に陥っています。

二日酔いの朝も事情は変わりません。というよりも、**水分が足りないからこそ、酔いが回ってしまったこと**をお忘れなく。

たっぷり水分を補給することで、体内のアルコールは徐々に分解されます。分解を促すのがビタミンC。ここでも果物の出番です。朝食にレモンやグレープフルーツ、オレンジなどをとるよう心がけましょう。

ただし、やはり飲みすぎは禁物。ですから、「安酒をグイグイ」を卒業し、少々高くても栄養分豊富な地ビールや赤ワイン、日本酒などをゆっくりたしなむスタイルに変えてみましょう。高いお酒は、味はもとより香りなどもゆっくり楽しむもの。しかも、お値段的に気安くおかわりできないので、〝脱飲みすぎ〟にピッタリです。

一言サプリ！

**お酒もできるだけ添加物入りを避け、自然の栄養素が生きているものを！**

## 後悔、反省……そしてリスタート!

### 徹夜明けのリフレッシュ術シミュレーション

**午前5:30　フラフラで帰宅**

↓

（できればスクワットなど軽いトレーニングができればベスト！）

↓

**午前6:00　朝食をしっかりとる**

› 卵は必ず食べる。サラダなどにレモンをトッピングする。
　また、デザート的にバナナを食べるのも効果的

↓

**午前6:30　食後のコーヒーで眠気を覚ます**

› コーヒーのカフェインが眠気覚ましに最適

↓

**午前6:45　ベランダに出て太陽の光を浴びる**

↓

**午前7:00　熱いシャワーを浴びる**

› 日光浴とシャワーで交感神経を活性化

↓

**午前7:30　スッキリと出勤！**

### 二日酔い対策

**●重要なのは水分とビタミンCの補給！**

› 水をしっかりと飲み、レモンやグレープフルーツ、オレンジなどを食べる

**●さらに重要なのはお酒の飲み方**

› 地ビール、赤ワイン、シャンパン、無濾過の日本酒など、栄養価が高いアルコール類をゆっくり、味の変化や香りを楽しみながら飲む

※高ければいいというわけではありませんが、栄養が死んでいないものを選ぶのが、
大人のお酒のたしなみ！ 結果的に高いお酒ということになりますが……。

16

# その日の疲れはその日のうちに！体に効くお風呂の入りかた

疲労回復にはお風呂がいちばんですよね。風呂、温泉好きの日本人なら、これは体感的に理解していることだと思います。しかし、温泉やスーパー銭湯では、お湯の温度を40度以上の高めにしているところが多く、その延長で「熱いお風呂が最高！」と考えている方々もいるかもしれません。

しかし、熱いお湯に入りっぱなしだけでは、実にもったいない。ここでもっともオススメしたいのが水風呂を利用した「温冷浴」。

大きなお風呂に行くと、サウナ（もしくは熱いお風呂）と水風呂を交互に入っている方を見かけますよね。サウナ（もしくは熱い風呂）では血管が拡張し、水風呂では血管が収縮し、それによって血流が活性化し、疲労の原因である乳酸や体内の疲労物が排出されるのです。いうなれば、血管マッサージのようなものですね。

自宅のお風呂の場合、湯船はひとつしかありませんから、1分から2分程度、熱いお湯につかった後、10秒から30秒程度、水シャワーを浴びることを、できれば7、8回繰り返しましょう。水シャワーは冷たくて、ちょっと抵抗があるという方は、全身ではなく、手足にかけるだけでもかまいません。

なお、熱いお湯は副交感神経を、冷たい水は交感神経を刺激するため、温冷浴を実践すると両者を交互に刺激する効果も見込めます。自律神経のバランスを調整するという意味でもオススメです。また筋トレ後の筋肉痛にも効果があります。

一方、**リラックス効果があるのは、「40度以下のぬるめのお湯」**です。腰のあたりまでつかった状態で半身浴を続けると、じわじわ汗が吹き出てきます。ぬるめのお湯に入ることで、体を内側まであたためるとともに、しっかり汗をかくことが大切です。

ただし、それは体から水分が失われてしまうことも意味しています。脱水症状を避けるため、**半身浴の前にはコップ1杯から2杯くらい（200〜500ミリリットル）の水を飲んでおきましょう。**お風呂から出たあとも、コップ1杯程度の水を飲み、水分補給を忘れないように。

他方、入浴は精神的にもリラックスさせてくれるもの。これまで「熱いお風呂が最高！」と感じていた方が、ご自身の好みを曲げて、気持ち的に満足できないにもかかわらず、「温冷浴」「ぬるめのお湯で半身浴」をする必要はないとも思っています。

熱いお風呂の場合は、10分程度つかって、江戸っ子のようにささっとあがる「早風呂」をオススメします。

長湯で体をあたためすぎるとのぼせてしまいますし、また、42度を超えるような、あまりにも熱いお湯だと、こんどは交感神経が刺激され、眠れなくなってしまうため、注意が必要です。

ちなみに**「汗をかく」というのは、体の外に老廃物を排出するという意味では、手軽にできると同時に、非常に効果の高いコンディショニング法**です。皮膚の表面にある汗腺（エクリン腺）は、体全体に分布し、汗をかくことで体温調整を行っているのですが、発汗作用は汗腺のトレーニングとしても効果が高いのです。

**筋トレをしないままだと、どんどん筋肉が衰えるのといっしょで、汗腺をつかわないままにしておくと（汗をかかないままにしておくと）、どんどん機能が低下し、肌が老化**していきます。

この近年、アンチエイジングが注目され、さまざまな関連商品や男性用化粧品が発売されていますが、若々しい肌を保つためにも、まずは日常的に「汗をかく」ことから始めてみてください。

一言サプリ！

**入浴後に水分をとりすぎると夜中のトイレで安眠妨害も。自分の体と相談しながら適量を探ろう！**

## さまざまな入浴方法を楽しもう!

日本人なら誰もが好きなお風呂。この習慣も、体づくりに大いに役に立ちます。
自分の好みに合った入浴方法で、リラックス&リフレッシュしましょう!

### 温冷浴

- スーパー銭湯の大浴場
- スーパー銭湯のサウナ
- 自宅の内風呂

に1~2分程度つかる
→ 血管が拡張

7~8回
繰り返す

- スーパー銭湯の水風呂
- 自宅の水シャワー

を10~30秒我慢
→ 血管が収縮し血流が活性化
※全身水シャワーが無理なら、
手足だけでも可

### 半身浴

- 40度以下のぬるめのお湯
- つかるのは腰あたりまで

→ じわじわ汗が吹き出る
※水分補給を忘れずに

### 熱いお風呂

- 42~43度くらいの熱いお湯
- 10分ほどつかって
さっと上がる

→ 交感神経を刺激し発汗を促進
※入りすぎに注意

**ポイント**

毎日の入浴習慣で汗をかき、老廃物をデトックス。また、汗腺はトレーニングしないと老化するので、お風呂につかって汗をかき、刺激すると、アンチエイジング効果も!

17

# 何時間寝ればスッキリするのか？「もっとも適切な睡眠時間」の見極めかた

ハイパフォーマンスな体づくりにおいて、非常に重要な要素のひとつが「睡眠」です。睡眠には浅い眠りの「レム睡眠」と、深い眠りの「ノンレム睡眠」の2種類があり、わたしたちの体は、それらを交互に繰り返すことで、眠りのリズムを刻んでいます。**レム睡眠とノンレム睡眠の周期はおよそ90分。**就寝中は、このサイクルが4回から5回ほど繰り返されています。「もっとも適切な睡眠時間」は、この90分をひとつの単位とするのが一般的です。となると、6時間や7時間半といった睡眠時間がふさわしいのではないかと思われがちですが、しかし、これはあくまでも目安にすぎません。

人によっては、サイクルは80分かもしれませんし、100分の場合だってあるでしょう。眠りのリズムには個人差があるため、最適な睡眠時間は、それぞれが探るしかありません。

生徒たちには「もっとも適切な睡眠時間」を、なるべく早めに見つけるよう指導しています。**30分単位で睡眠時間を変化させ、そのなかでしっくりくるものが、自分にとって適切な睡眠時間**です。**しっくりくるという感覚は、具体的には寝覚めのよさ・疲れがとれる・日中眠くならない（睡眠不足を感じない）……等々で判断**しましょう。最近は、適切な睡眠時間を計測できるスマホ用アプリも出ていますから、そういったものを併用するといいかもしれません。

眠りのリズムがわかったら、それでおしまいではありません。**ハイパフォーマンスな体を目指すために必須なのが「質の高い睡眠」**です。そのためには、寝る前に「やってはいけないこと」と「やるべきこと」をきちんと認識しておく必要があります。

まず「やってはいけない」ことから。これに関しては、「脳と体を刺激しない」ことを心がけてください。飲酒や喫煙、コーヒーなどカフェインが含まれる飲みものの摂取などもってのほか。また、テレビはもちろん、パソコンやケータイ・スマホなどを見るのもやめましょう（寝室にスマホを持ちこまないのが効果的です）。激しい運動も交感神経を刺激するので避けてください（ですので、必然的にトレーニングは、朝、起きてから行うのがベスト、となるわけです）。

もしも、こうしたことを行わなければならない場合は、就寝の2時間前には済ませておくようにしましょう。

一言サプリ！

**平日は0時就寝、4時半起床の4時間半睡眠、これがわたしの「しっくりくる睡眠時間」です**

18

# 「睡眠の質」がグッと高まる、寝る前にやるべき5つのポイント

それでは寝る前に「やるべきこと」とは何でしょうか。
最高の睡眠を得る5つのコツを紹介しましょう。

・2時間前までに飲食は終わらせる
・1時間前から体をあたためる
・1時間半前から照明を落としていく
・必ずトイレを済ませておく
・寝室は完全に暗くする（アイマスクの使用がオススメ）

これらはすべて、活発な動作をコントロールする交感神経から、睡眠時の体をつかさどる副交感神経を優位にするためのウォーミングアップのようなもの。何も食べないようにするのは、胃の中に食べものが残っていると、消化をしようと内臓が活動し、休息が得られなくなるから。体をあたためたり、照明を落としたりする理由も、心身をリラックスさせ、自然と眠りにつくような環境を整えたいからです。トイレを済ませておくのは、夜中、尿意で、目が覚めてしまうのを避けるためですね。

こうした肉体面での環境を整えるのと並行して、精神面のストレスを軽減することも、「睡眠の質」を高めます。**ストレス軽減に効果を発揮するのが「日記」**。といっても、その日あったできごとを書くのではなく、**感じていることや不安など、心の中のことを、ただただノートに書き出す**というメソッドです。

「書き出すだけ？　それで効果あるんですか？」

ええ、あるんです。頭の中であれこれ思い悩んでいると、自分の気持ちだけがむやみやたらに反響して、むしろストレスが溜まってしまいます。そうならないよう、書くという行為を通して、いったん自分の外部に排出し、客観視することが必要です。そしてもっとも重要なのは、その日を振り返り感謝する人や出来事を書き出すことです。ベッドに入る前に「感謝」すること。これが何より睡眠の質を上げる方法です。

**大切なのは、その日のうちに心のオリを流してあげること**。そうすれば、心身ともに平穏な状態で眠りにつけますし、翌日はフレッシュな状態でスタートできます。

一言サプリ！

**部屋を真っ暗にするために寝室のカーテンは、レース＋通常＋遮光カーテンと3重に**

19

# 寝ている間も油断大敵！血流が滞る意外な原因とは？

寝る前の準備が整ったら、あとは眠りにつくだけですが、着るものにも要注意。就寝時の格好は「ゆったりしたもの」がベストです。睡眠時は副交感神経が優位になります。そうすると体は「お休みモード」となり、体温や血圧が低下します。**覚醒時に比べると、血流もゆっくり。ですから「体を締めつけるもの」を着ると、血のめぐりが滞ってしまいます。**同じ理由で、リンパ管を流れるリンパ液の流れも停滞します。

ですから、ジャージやスウェットパンツのような衣類は、ゴムや腰紐でお腹周りを締めつけるつくりになっていますから、着用は避けましょう。その点、**断然オススメなのがパジャマ**です。

「なるほど。それじゃあ、下着の上にパジャマを着ればいいんですね？」

いいえ、素肌の上に直接、パジャマを着てみましょう。男性の場合、下着はボクサーブリーフやトランクスが定番だと思いますが、腰回りの伸縮素材によって、体が圧迫されてしまいます。女性の場合も同様で、ブラジャーなどのホールド感は、就寝時には圧迫の原因となります。寝ているときは外して、体を締めつけから解放してあげましょう。

ちなみに、足先が冷えるので靴下をはいたまま寝るという、冷え性の方も大勢いらっしゃいるようです。しかし、これも**靴下のゴム部分が血行を阻害**するので、やめたほうがいいでしょう。とりわけ手足などの末端部分は、心臓から遠く、ただでさえ血流が滞りやすいので（だからこそ「冷える」わけです）、締めつけてはいけません。

**睡眠時の冷えを改善するには足湯がいちばん**です。以前、冷えに悩まされていた知人に対し、寝る前に2分間、足湯をするようアドバイスをしたところ、手足の冷えが緩和され、毎日続けるうちに、いまではすっかり治ってしまったそうです。

寝る姿勢については、わたしの場合、上を向いて眠っています。といっても、寝ている最中、人間はかならず寝返りをうちますから、知らず知らずのうちに体勢は変わります。横向きにならないと眠れないという人も多く、寝るときの正しい姿勢はケース・バイ・ケース。自分がリラックスできる姿勢を選べば、それで十分です。

誰にも邪魔されず、のびのび寝返りをうつことを考えると、なるべくひとりで寝たほうがベターなのですが、独身男性ならともかく、配偶者やお子さんのいる方は、それぞれの関係性や家庭の事情もあるので、こちらもケース・バイ・ケースですね。

一言サプリ！

**昔は全裸で寝ていたので心身ともに開放的！ぜひ、みなさんにも一度味わっていただきたく……**

20

# 土日たっぷり寝たのに、週明けに調子が上がらないのはなぜなのか？

よく耳にするのが、平日の睡眠不足を解消しようと、休日に寝だめをしているという習慣。睡眠時間の収支バランス（？）をとりたいのでしょうが、**お金と違って、眠りを貯めることはできません。それどころか、寝だめによって眠りのリズムが崩れ、悪影響をおよぼす恐れすらあります。ハイパフォーマンスな体づくりという観点からは、寝だめは百害あって一利なし**です。

前にもお伝えしたように、人間の体は、活動中に優位になる交感神経と、休息中に優位になる副交感神経が、交互に働きあっています。しかし、交感神経だけが活発化し、リラックスできない状態が続くと、わたしたちの体は長引く緊張に耐えられなくなり、ついには疲労という形で不調を知らせてくるのです。

一方、副交感神経が優位になると、脳も体もリラックスした状態となります。食事時であれば、胃腸などの内臓が活発化し、効率よく消化・吸収を行います。あわせて、分解された栄養素が体内に行き渡り、新陳代謝が促進されるのです。また、休息時には、老廃物や疲労物質など不要なものが、体外に排出されていきます。

「寝て休んだら副交感神経が優位になるということは、むしろ疲労回復に効くわけでしょう？　なのに、どうして寝だめがいけないんですか？」

理由はふたつあります。ひとつは眠りのリズムが崩れると同時に、1日のリズムが崩れてしまうから。もうひとつは、リズムが崩れることで、パフォーマンスが低下してしまうから。とはいえ、「あまりにも疲れてしまい、土曜日は昼過ぎまで寝てしまった……」というケースは、往々にしてあると思います。このとき、乱れてしまったリズムをリセットする方法が、ひとつだけあるのです。

それは有酸素運動。わたしの知人のパイロットは、勤務後、有酸素運動をするよう心がけているそうです。**パイロットといえば、長時間のフライト続きで、時差ボケは日常茶飯事。それを避けるための措置**だとか。

ですので、**休日にうっかり寝すぎてしまった場合には、起床後、なるべく早い段階で15分程度、体が汗ばむ程度の早歩きやジョギングをするのがオススメ**です。体内時計がリセットされ、わたしたちの体は「朝だ！」と認識（勘違い？）してくれるはず。運動して、通常のリズムに戻しましょう。

一言サプリ！

**確実にリセットしたいときは、高強度の有酸素運動でハードな負荷を**

21

# 朝起きてすぐにスイッチを入れるコツ

毎朝、わたしが実践しているルーティンをご紹介しましょう。

4時半に起きると、まずは枕元に置いてあるミネラルウォーターを一気に飲みほします。それから、うがいと鼻うがいで口腔内をすっきりさせた後、逆立ち、スクワット、プッシュアップ、プルアップをこなします。トレーニング時間は15分程度です。

その後、ドリップコーヒーを淹れ、味と香りを楽しみ、60分ほど読書を。6時頃に朝食を食べてから、自転車で職場に向かう。これが定番です（詳しくはP92にスケジュール表を載せましたので、そちらで）。

実は、**体にスイッチを入れる役目を果たしているのが、起き抜けの水。**

みなさんには「コップ1杯から」をオススメしていますが、わたしは500ミリリットルのミネラルウォーターを1本（日によっては2本）飲んでいます。時には炭酸水を飲んで、食欲を促すこともあります。炭酸水を飲むと胃が広がるので、食欲が増進されるのです。

もちろん、反対に、朝ご飯を食べすぎてしまう危険性もあります。ですから好みにもよりますが、普通の水でもまったく問題ありません。

さて、ではなぜ水を飲むのか。もちろん水分補給の意味合いも大きいのですが、同時に**内臓のスイッチを入れることも意識**しています。

**体内に水分を流しこむことで、胃や腸を目覚めさせ、それによって脳に刺激が伝わる**わけです。

さらに**逆立ちをすることで、全身の血液とリンパ液の流れを活性化。これで完全に眠気はふっとびます。**

「うーん、わたしは寝起きが悪いから、ちょっと無理かも……」

なるほど。**寝起きが悪く、寝床の中でぐずぐずしている状態が続くのであれば、わたしの真似をして「前の晩に枕元にペットボトルを置いておく」ことをオスス**メします。

これならキッチンまで行かなくても、その場ですぐに飲むことができますから。もちろん、全部飲み干す必要もありません。

とにかく、まずは手始めに水を飲むことからスタートしてみましょう。それだけで確実に目覚めのスイッチが入ります。

一言サプリ！

**水を飲むのに慣れてきたら逆立ちにもチャレンジ！**
**これで、眠気は一発でさめる!!**

22

# 男性の「朝立ち」は身体機能のバロメータ

女性が自分の体調のよし悪しを判断する基準の一つに生理があります。生理の周期が規則正しいことが体調の良さの証し、そうでなかったり、痛みがひどかったりすれば体調不良のあらわれといえるでしょう。

一方で、男性にはそうした周期的な生理現象はないと思われています。しかし、それは大きな勘違い。実は男性にも体調の判断材料となる周期的な生理現象があります。

それは**「朝立ち」**です。いや、きわめてまじめな話です。

男性の場合、朝、目が覚めるとペニスが勃起していることがありますが、これはエッチな夢を見ていたからではなく、純然たる生理現象にすぎません。

「うーん、若いころはカチカチだったけど、最近はどうもなあ……」

そうこぼす方は、ぜひとも本書をしっかり読んで、〝あの頃〟を取り戻しましょう。

実は、現在の生理学でも、何のために朝立ちという生理現象が生じるのか、その「目的」ははっきり解明されてはいませんが、どうして起こるのかという「過程」は、ある程度、判明しています。「浅い眠り」つまりレム睡眠時に、特定の神経が刺激されることで、朝立ちが引き起こされるのだそうです。ですから、レム睡眠時は、夜中であっても勃起状態が起こります（朝立ちの正式名称は「夜間陰茎勃起現象」といいます）。

純然たる生理現象であるとはいえ、ペニスは男性機能を象徴するシンボルであり、男性ホルモンの分泌とも密接に関係しています。**男性ホルモンが正常に機能しているのであれば、朝立ちがある週は調子のいい週だから頑張ろう。逆に立たない週は体調の悪い週だから無理するのはよそう、というように判断できる**わけです。

また、**勃起というのは、ペニスの海綿体に血流が送り込まれることでもありますから、血液循環に異状がないことの指標にもなりえます。**

先ほどの「若いころはカチカチだったけど、最近はどうも……」と自信を失いかけている方には、「はじめに」で触れた「毎朝、コップ１杯の水を飲み、朝食に卵を１個加える」というメソッドを、２週間ほど試していただければと思います（とくに重要なのは卵で、具体的には卵に含まれる良質なコレステロールが、身体機能の調整に役立つ働きをしてくれます。詳細はＰ１０２で）。男性機能回復のためのサプリメントを摂るよりも、よっぽど効果的です。ぜひ、今日から始めてみてください。

一言サプリ！

**男性ホルモンが機能していれば周期的な健康判断の基準となる！**

ON 23

# 仕事の合間に取り入れたい動いて休む「アクティブレスト」

休養にはふたつの種類があります。ひとつはじっとしたり眠ったりという「何もしないでいる」やりかた。一般的な休養イメージは、こちらだろうと思います。もうひとつは体を動かすやりかたで、**「アクティブレスト（積極的休養）」**と呼んでいます。

「え？ 体を動かすんじゃ休養にならないでしょ？」

たしかにそう思われるのも仕方ありませんが、**アスリート流の考えかたは、必ずしも体を動かさない＝休養ではありません。**実際、練習後や試合後、アスリートたちが軽めのランニングなどを行っているのを見たことありませんか。あれは体をクールダウンするため。血流を活発にすることによって、筋肉疲労の原因となる乳酸が排出されます。つまり、体を動かせば疲れは軽減されるというわけです。

パフォーマンスを高めるためにも、仕事の合間にこのようなアクティブレストを随時取り入れ、疲労をこまめに退治しておきましょう。体を動かすといっても、日常的な動作で大丈夫。とくに**デスクワーク中心の方は、意識して「50メートルから100メートル程度の距離を歩く」ことをオススメします。**これだけで、血行はぐんとよくなります。

たとえば、「経費の精算のため領収書を提出する」といった類のタスク処理。これに必要な、**「経理担当のデスクまで歩いていく」という行動をアクティブレストと見なし**

**ましょう。**資料作成など根を詰めて行うデスクワークが一区切りついた時点で、経理担当に関連書類を持っていけばいいわけです。

また、トイレ休憩を活用するのも、ひとつのやりかたです。同じフロアのトイレを利用するのではなく、あえて上の階のトイレに向かい、階段を昇り降りするのも効果があるでしょう。

なお、職場で昼食をとるときは、仕事用のデスクではなく別の場所がオススメです。というのも、仕事モード（交感神経優位）と食事モード（副交感神経優位）が切り替わるからです。また、デスクを離れるのは、必然的に「歩く」ことにもつながります。

こうした視点で職場を見回してみると、アクティブレストとして「使える行動」は、けっこうあるのではないでしょうか。飲み物を買いにコンビニまで行く。郵便局や銀行でお金をおろす。休憩スペースへ行く。ものを取りに倉庫やバックヤードまで行く……等々。みなさん、それぞれの状況に応じて、一度考えてみてください。

一言サプリ！

**歩く以上に小走りができれば、さらに上質なアクティブレストに！**

24

# 脳に血液と酸素を送り込む動的ストレッチで集中力アップ！

ストレッチもパフォーマンス力アップのための重要な要素となります。実はストレッチには2種類あります。

**「静的ストレッチ（スタティック・ストレッチ）」**と**「動的ストレッチ（ダイナミック・ストレッチ）」**です。

ストレッチという単語を目にして、おそらくみなさんがイメージされるものは、静的ストレッチでしょう。これは特定のポーズをとったまま、30秒ほど姿勢を維持するもので、これにより体のさまざまな部位（筋肉）を伸ばす効果が得られます。なぜ「静的」なのかというと「関節を動かさない」から。激しい運動をした後、クールダウンと疲労回復を目的として行います。

他方、動的ストレッチは「関節を動かす」やりかたで、動的という言葉が示すように、一定の動きをともないます。こちらは激しい運動をする前に行うもので、つまりは体をあたためるためのウォーミングアップです。それによって、怪我を防ぐ効果が期待できます。

アスリートにとっては、運動前の動的ストレッチも運動後の静的ストレッチも、どちらも大事な予備動作です。では、ビジネスパーソンにとって必要なのは、どちらのストレッチでしょうか。

思い出してみましょう。

肩こり防止を説明した項目「14」で、肩甲骨の上下運動や肩甲骨はがしなどを紹介しましたね。こうした運動こそが、まさに動的ストレッチです。

この例からもわかるように、**日頃から動的ストレッチを意識して行うこと**が大切なのです。

アクティブレストもそうですが、わたしたちの体は動くことで血流が良くなります。

動的ストレッチで肩こりが解消されるのも、血行を活性化させることで、凝り固まった筋肉が解きほぐされるからです。

長い時間、ほとんど同じ姿勢でデスクワークを続けていると、体全体の血流が悪くなります。この血流の悪さは、さまざまな悪影響をおよぼします。

たとえば肩や背中の筋肉においては、先に触れたように、こりや痛みという症状が出てきます。

また、**座ったままで作業に集中すると、頭がボーッとしてきますが、これも脳に血液が回っていないから**です。

血液は栄養素と酸素を運ぶ役目をもっています。血行が悪くなると、それらが体全体に行き渡らず、その結果、パフォーマンスが低下します。

と同時に、老廃物や二酸化炭素を排出することもできず、ますます調子が悪くなっていくのです。

人間の脳は、体全体の2％程度の重さしかありませんが、酸素の消費量という観点から捉えると、体内にある酸素のおよそ20％を消費しています。供給される酸素が少なくなればなるほど、集中力や理解力、思考力や判断力が低下します。

仕事中、注意が散漫になり、ケアレスミスが生じるようになったら要注意。血流を良くして、どんどん脳に酸素を送り込む必要があります。

そのとき有効なのが、動的ストレッチやアクティブレスト。ラジオ体操の一連の動作も動的ストレッチの一種です。腕を回したり、肩を回したり、意識的に体を動かし、脳を活性化しましょう。

一言サプリ！

**項目「08」で紹介したスキマ筋トレと合わせて、仕事の合間合間もしっかり有効活用！**

## 動的ストレッチの一例

ここでは実際にかなり効果のある
動的ストレッチの一例を紹介します。

こちらは股関節を回すストレッチです。実は股関節のような重要な関節にはいくつもの筋肉が集まっています。そこで、股関節をやわらかくするためにストレッチをすると、同時にそこに集まった小さな筋肉をほぐすことにもつながるわけです。非常に効率のいいストレッチといえるでしょう。

これは「逆向きランジ＋ひねり」というストレッチです。しゃがみながら前に進むストレッチをランジウォーキングといいます。やはり股関節やももの筋肉のストレッチとなります。さらに前に出した足とその方向を向きながら足と反対側の腕を上げてひねりを加えると、お腹などの側面のストレッチとなります。首から下全体の筋肉、関節がほぐされる、1粒で何度もおいしいストレッチです。

25

# 刺激と安らぎが同時に得られる奥が深い深呼吸エクササイズ

アクティブレストや動的ストレッチで血行を良くして、脳に酸素を送り込めば、疲労でボーっとした頭も回復するという話をしました。では、重要な役割を果たしている酸素を体内にとりこむために、わたしたちは何をすべきでしょう。ええ、そうです、深呼吸をすればいいのです。

深呼吸の方法は簡単です。たくさんの空気をとりいれるつもりで、深く息を吸い、その後は、ゆっくり吐き出すだけ。当たり前ですね。

肺を大きくふくらませる際、活躍するのが横隔膜と呼ばれる組織です。これは胸と腹の間にある隔壁で、吸ったり吐いたりという、わたしたちが日常的に行っている呼吸運動を、縁の下（いや、胸の下？）で支える力持ちのような存在です。

**大きく息を吸い込むと、肺が膨張しますが、それと連動し、横隔膜は下のほうにぐぐっと下がっていきます。見方を変えると、これは横隔膜のストレッチをしているということにもなります。**「卵が先か、ニワトリが先か」ではありませんが、**呼吸を意識することで、ふだんは意識していない横隔膜の動きを感じられますし、横隔膜の動きに感覚を集中すれば、呼吸を自覚的にコントロールすることにもつながります。**

マッスルコントロールがそうであるように、集中することや意識することは、筋肉や神経に「刺激を与えること」なのです。それは脳や神経系を活性化し、パフォーマンスの向上をもたらしてくれます。

そもそも、こうした生理学的な解説をうんぬんする以前に、深呼吸をするのは、ただただ単純に「気持ちがいい」はずです。この気持ち良さを感じながら、疲れたときやストレスがたまったときにも、深呼吸を試してみてください。

**オススメしたいのが、目をつぶったまま深呼吸をすること。**まぶたを閉じ、視覚的な情報や刺激をシャットアウトし、呼吸だけに意識を集中すると、心が〝無〟になります。もちろん「呼吸を意識している」ので、**厳密に言うと、心の中がまっさらな状態になるわけではありませんが、瞑想、今はやりの言葉で言えば「マインドフルネス」に近い感覚を味わえる**のはたしかです。

深呼吸は手軽にできるだけでなく、肉体的には脳の活性化につながり、精神的には気持ちを鎮める効果が得られます。簡単なのに、実は奥の深いエクササイズなのです。

一言サプリ！

**夜、寝る前に瞑想のような感じで深呼吸をすると雑念はすぅーと消えていく**

26

# 休みの日の過ごしかたが次の1週間を決める！

「月曜から金曜まで働いて、土日は休み」という一般的な週間スケジュールを例に、休みの日はどう過ごすべきかを考えてみましょう。

**2日間、まるまる休めると仮定すると、土曜日はトレーニングなど運動を行うアクティブレスト、日曜日はまったく何もしない完全休養というかたちがオススメです。**

アクティブレストの日は体のメンテナンスを、完全休養の日はリラックスした気分で心の栄養をとると考えてください。心と体は表裏一体ですから、どちらのメンテナンスに重点を置くのかを意識し、休養スケジュールを考えるのがベストです。

アクティブレストの項目「23」で解説したように、**体を動かすと「疲れる」というのは間違いです。それどころか「元気になる」**のだと認識しましょう。もちろん激しい運動をすれば、当然、疲れますが、ここでいう「アクティブレスト」や「体を動かす」というのは、軽く汗ばむ程度の運動でいいのです。第1章で紹介した3つのトレーニング（スクワット・プッシュアップ・プルアップ）に取り組むだけでも、十分すぎるほどの効果が見込めます。

**完全休養の日は、ひとりの時間を楽しむもよし、家族や仲間と過ごすのもよし、精神的なストレスを解消しましょう。**逆にこの日は、仕事はもちろん、「ハイパフォーマン

ス な体づくり」に関しても意識などはせず、自分の好きなことに専念してください。気分をリフレッシュすることで、前向きな気持ちと明日への活力が生まれます。

さて、繁忙期などで、たとえ休日が2日あったとしても、どちらか1日は仕事をするはめになるというケースもあるはずです。半日出社したり、仕事を持ち帰って家で資料をつくったり、満足に休みがとれないビジネスパーソンもたくさんいることでしょう。

そんな場合も前述の通り、アクティブレストと完全休養の組み合わせで、休みのスケジュールを組んでみてください。たとえば通常勤務が8時間だとすると、半日出社の場合の勤務時間は4～5時間といったところでしょうか。そうすると平日に比べ、3時間程度は余裕があるわけですから、その時間をうまく利用し、できる範囲で運動をするよう心がけましょう。**いつも利用しているエレベーターは使わず、あえて階段で上がってみるとか、帰りがけに手前の駅で降りて、1駅分、歩いてみるとか……。**やりようによっては、さまざまなアクティブレストが考えられるはずです。

一言サプリ！

**教員は土曜日も仕事をすることが多々あるので、時には自転車を使わずウォーキング通勤で気分転換！**

# 私のある日のスケジュール

| 平日 | | |
|---|---|---|
| 時間 | 項目 【所要時間】 | |
| 4:30 | 起床 | |
| 4:30 | ダイヤモンド・ルーティン | 【15分間】 |
| 4:45 | サーキット・トレーニング | 【30分間】 |
| 5:15 | 読書&コーヒー | 【45分間】 |
| 6:00 | 家族起床&朝食準備 | 【15分間】 |
| 6:15 | 朝食(卵&納豆&玄米) | 【30分間】 |
| 6:45 | 自転車出勤(自宅⇒職場) | 【45分間】 |
| 7:30 | 職場到着業務準備 | 【1時間】 |
| 8:30 | 業務開始 | 【4時間】 |
| 12:30 | 昼食(お弁当=鶏肉&ブロッコリー) | 【30分間】 |
| 13:00 | 授業&ホームルーム | 【3時間】 |
| 16:00 | 会議&事務仕事 | 【2時間】 |
| 18:30 | 部活動指導 | 【2時間】 |
| 20:00 | 事務仕事 | 【1時間】 |
| 21:00 | 業務終了&帰宅(職場⇒自宅) | 【1時間】 |
| 22:00 | 晩飯 | 【30分間】 |
| 22:30 | 入浴 | 【30分間】 |
| 23:00 | 安眠ルーティン | 【1時間】 |
| 0:00 | 就寝 | 【※翌朝までの睡眠時間:4時間30分】 |

※ダイヤモンド・ルーティン
水を飲む(500 ml)/うがい/鼻うがい/舌磨き/トイレ(大小)

※安眠ルーティン
静的ストレッチ/日記を書く/瞑想など

| 日曜日 | |
|---|---|
| 時間 | 項目【所要時間】 |
| 4:30 | 起床 |
| 4:30 | ダイヤモンド・ルーティン【15分間】 |
| 4:45 | サーキット・トレーニング【30分間】 |
| 5:15 | 読書&コーヒー【45分間】 |
| 6:00 | 家族起床&朝食準備【15分間】 |
| 6:15 | 朝食（卵&納豆&玄米）【45分間】 |
| 7:00 | フリー【5時間】 |
| 12:00 | 昼食【1時間】 |
| 13:00 | フリー【5時間】 |
| 18:00 | 夕食【1時間】 |
| 19:00 | 入浴【30分間】 |
| 19:30 | リラックス・タイム【1時間】 |
| 20:00 | 安眠ルーティン【1時間】 |
| 21:00 | 就寝【※翌朝までの睡眠時間：6時間】 |

| 土曜日（半日出勤） | |
|---|---|
| 時間 | 項目【所要時間】 |
| 4:30 | 起床 |
| 4:30 | ダイヤモンド・ルーティン【15分間】 |
| 4:45 | サーキット・トレーニング【30分間】 |
| 5:15 | 読書&コーヒー【45分間】 |
| 6:00 | 家族起床&朝食準備【15分間】 |
| 6:15 | 朝食（卵&納豆&玄米）【30分間】 |
| 6:45 | リラックス・タイム【45分間】 |
| 7:30 | 自転車出勤（自宅⇒職場）【45分間】 |
| 8:15 | 業務開始【4時間15分】 |
| 12:30 | 昼食（お弁当=鶏肉&ブロッコリー）【30分間】 |
| 13:00 | 業務開始【2時間】 |
| 15:00 | ウエイトトレーニング【2時間】 |
| 17:00 | 帰宅&夕食準備【1時間】 |
| 18:00 | 夕食【1時間】 |
| 19:00 | リラックス・タイム【1時間】 |
| 21:00 | 入浴【30分間】 |
| 21:30 | 安眠ルーティン【1時間】 |
| 23:00 | 就寝【※翌朝までの睡眠時間：6時間】 |

**ポイント**

見ての通り毎日同じ行動、まさにルーティン化していることが多いのが特徴です。集中＋スキマ筋トレで、これくらいのトレーニング時間でも十分パフォーマンスを高められます。

## さらに動的ストレッチの一例

本文で紹介した以外にも、まだまだ動的ストレッチはたくさんあります。ここでは、とくに下半身に効果のある動的ストレッチの一例を紹介します。

こちらは「90度振り上げ行進」というストレッチです。その名の通り、足と腕が体に対して90度の位置にくるよう振り上げます。効果があるのはお尻。実は腰痛持ちの方はいずれもお尻の筋肉が硬いという特徴があります。そこでこのストレッチをやることにより、大臀筋などがやわらかくなり、腰痛を防ぐことができるというわけです。

これは「もも上げ」というストレッチです。こちらも文字通りももの筋肉のストレッチとなります。さらに前に出した足とその反対側のひじをくっつけるようにひねると、もものみならず、背中、腰、お尻に至る部分の側面をストレッチすることができます。最初は足とひじを正面に出し、それからひねりを加えると、効果倍増です。

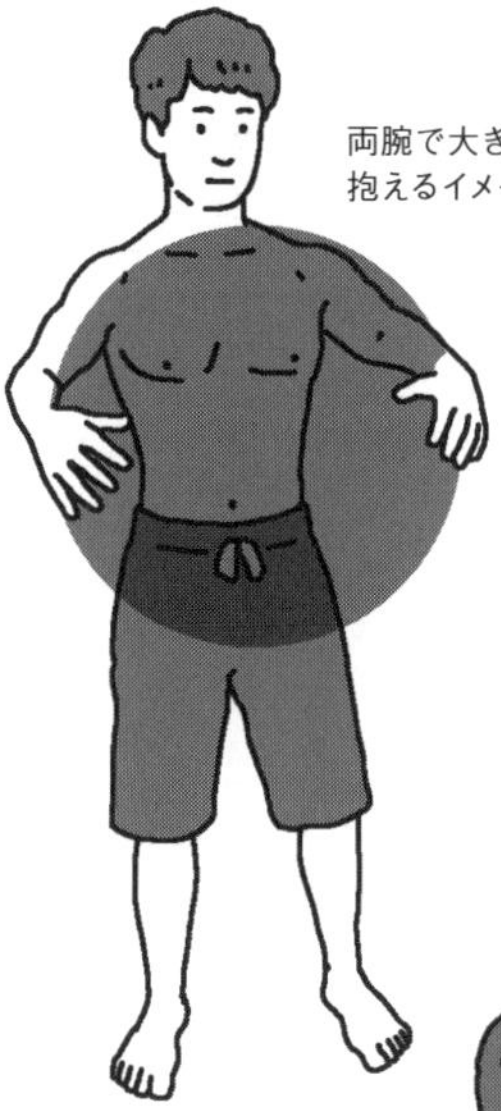
両腕で大きな風船を
抱えるイメージ

## 瞑想の実践方法

瞑想の方法は世にたくさんありますが、わたしの実践する立禅は、時や場所を選ばず非常にリラックス効果が高いのでオススメです。立った状態ではありますが、関節はロックしません。とくに首・背中・腰・膝は、力を完全に抜いた状態にします。目を閉じて、自分の呼吸のみに集中します。

時間は数分（３～５分程度）で OK です。どのくらいの時間続けるかよりも、リラックスできたかが重要です。

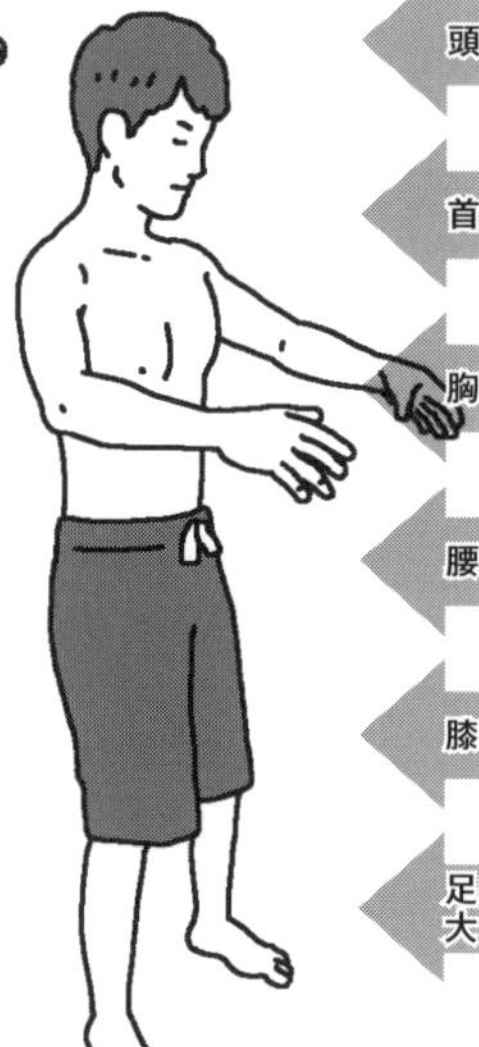
頭頂部は上から吊られているイメージ
首と肩はできる限り脱力する
胸は張らずにリラックスさせる
腰は反らさず、下腹部を少し引くイメージ
膝はロックせず少し曲げておく
足は床を踏みしめず、
大地の上にやさしく立っているイメージ

第２章のまとめ

Check Point

- 疲労回復には交感神経と副交換神経のバランスが大切
- 年齢による回復力の違いを意識する
- 50分パソコンに向かったら10分休憩ルールを守る
- 徹夜明け、二日酔いの朝ご飯には味噌汁が効く！
- 睡眠前は刺激を避け、今日あったことに感謝をささげる
- 寝だめは体をリズムを崩すため百害あって一利なし！
- 「朝立ち」の有無で良い体調、悪い体調の周期がわかる
- 動いて休む「アクティブレスト」で体はかえって元気になる
- 仕事中も関節を動かす動的ストレッチを忘れずに
- １週間の予定は休みの日から逆算して考えてみる

第 ③ 章

# 体、頭、心に効く食事の考えかた

## 27

# 毎朝、起き抜けのコップ1杯の水と朝食に卵1個追加で何が変わるのか？

この本の「はじめに」のところで、「毎朝、コップ1杯の水を飲んで、朝食に卵を1個加える」というメソッドを紹介しました。これを2週間程度、続けていくと、だんだん調子がよくなっていくのが感じられるはずです。

あ、そういえば、朝のスイッチの話は項目「21」でしましたが、そもそも毎日「コップ1杯の水と卵1個」だけで、どうしてパフォーマンスが上がるのか、詳しく説明をしていませんでしたね。

では、まずはコップ1杯の水について。

人間は寝ている間に大量の汗をかきます。「そんなの夏場だけでしょう？」と思う方もいるかもしれませんが、その考えは誤りです。季節によって発汗量の増減はありますが、**健康な方であれば、毎晩、寝汗をかいています。**

汗をかくと体はどうなるか。自分では気がつかないうちに「脱水症状」になっています。運動時にもよく言われることですが、**「のどの乾き」を感じた時点で、それは「危険信号」**だと捉えてください。

なぜなら、**人間は水分が不足すると血流がドロドロになってしまいます。そうなると、必要な栄養素や酸素が末端まで行きわたらなくなってしまう**のです。

同じく、朝起きた時点でも、のどの乾きを意識する、しないにかかわらず、かなりの水分が失われています。これもまた、血流ドロドロの要因となります。ですから、**コップ１杯の水の補給は絶対に必要なもの**なのです。

前にも少し紹介しましたが、わたしの場合は、起きがけに炭酸水を飲むことがあります。**炭酸水のメリットは、胃腸の汚れを吸着し体内の汚れを老廃物として排泄できること、それから、ガスが含まれているため胃がふくれること**です。

「コップ1杯の水」とお伝えしましたが、慣れてきたら500ミリリットル程度の水分補給をオススメします。一気に飲みほしてもいいですし、何回かに分けて飲んでもかまいません。

ただしこれは、朝ご飯の30分以上前に行いましょう。食事の直前やその最中に水を飲むと、胃液が薄まるため、消化に時間がかかり、胃に負担を与えるからです。

続いて、卵1個の効能について。

むかしから**卵は「完全食」として重宝されてきました。なぜなら、人体に必要な栄養分がバランスよく含まれているから**です。

なかでも卵黄や卵白に含まれるタンパク質は、ハイパフォーマンスな体づくりには欠かせない栄養素。いわば筋肉の源です。しかしながら、このタンパク質は、たとえば体脂肪のように、体内に貯めこむことができないため、筋トレ効果を高めるには、毎日、補給しなければならないのです。しかもポイントは栄養価だけではありません。**卵を食べると代謝が高くなり、その結果、体が活性化する**というメリットもあります。朝は、おおむね体温が低下していますが、卵を食べることで体温が上がり、代謝がアップするのです。

ちなみに、わたしは、卵1個どころか、毎朝10個の半熟卵を食べています（ついでに言うと、毎朝、納豆も3パック食べています）。これをぜひ真似していただきたい、などと言うつもりは当たり前ですがありません。

ただ、10個というのは極端にしても、最初は卵1個から始めて、慣れるにしたがい、2個、3個あたりまで増やしていくと、栄養の面でも代謝の面でも、大きな効果が見込めることでしょう。

一言サプリ！

**慣れてきたら、水は500ミリリットル、卵は3個に増やしてみよう！**

## 朝の水と卵は効能がいっぱい!

起き抜けの水1杯と朝食に卵をプラス。
それだけで驚くほどさまざまな「体にうれしいこと」が起きます!

- のどの渇きをいやせる
- 内臓の働きにスイッチが入る
- 血液とリンパの流れが活性化される
- 炭酸水なら胃腸の汚れを吸着してくれる
- 炭酸水なら胃が広がり食欲が増進する
- 眠気が吹き飛ぶ　etc.

- 良質のたんぱく質と必須アミノ酸が摂取できる
- 代謝が高くなり体が活性化する
- 卵黄のコリンが脳を活性化する
- 同じくコリンが中性脂肪の量を調整する
- メチオニンが豊富で抗酸化作用が高まる
- 卵白のリゾチームで風邪に強くなる　etc.

# 28
# ハイパフォーマンスの敵は卵とコレステロールをめぐる迷信にあり!?

ここまで、卵の効能をとくとくと説いてきましたが、このように「卵がいい」というと、次のような反論が必ず返ってきます。

「いやいや、卵ってコレステロールが高いから、食べてせいぜい1日1個でしょ」

なるほど。では、そもそもコレステロールが何なのかから見ていきましょう。

一般的にコレステロールは〝善玉〟と〝悪玉〟のふたつに分けられています。しかし、実は両者は一緒。静脈を通る栄養成分としてのコレステロールが善玉。そして、その残りとして動脈に向かったのが悪玉ということなのです。動脈のほうが血流の勢いが弱いため、残ったコレステロールが多ければ多いほど、血液の流れが滞ります。

ポイントは、脳をはじめ体の各部でコレステロールが必要とされていること。そして、たとえ必要以上のコレステロールを摂取したとしても、運動すればその分減るということです。つまり、悪玉が多いのはコレステロールの摂取量というより、むしろ運動をしないため体内での量が減らない、ということに原因があるのです。

では、「卵はコレステロールが高い」説はどう見ればいいのでしょうか。実は、ここには、ふたつの大いなる勘違いが含まれています。

まず、たとえ**卵を毎日食べたとしても、コレステロール値の上昇にはまったくつなが**

**りません。これは国内外のさまざまな研究から、すでに明らかにされています。**

さらに、それだけではありません。卵黄に含まれるレシチンには、コレステロールが体内に蓄積されるのを抑える働きがあるのです。

つまり、**体を動かしたうえで卵を食べ続ける生活を送れば、ハイパフォーマンスな体に一挙に近づける**ということになります。

そもそも、卵の良質なコレステロールを摂取していないうえ、体も動かしていないとなれば、〝悪玉〟が増えるのは当たり前の話です。極端に言ってしまえば、「卵を食べないで運動もしない生活」と「卵は食べるが運動はしない生活」のどちらがいいといったら、後者のほうが卵を摂取している分、はるかにましな生活だといえます。

とにかく卵ほど身近で手軽な栄養食は、ほかにありません。わたしが「卵1個から人生が変わる」と主張しているのもおわかりいただけるのではないでしょうか。卵とコレステロールをめぐる〝迷信〟は、百害あって一利なしなのです。

一言サプリ！

**卵は半熟卵で食べるのがベスト！**
**なぜなら黄身は生、白身は加熱が栄養的に最高だからだ!!**

## 29

# 最高で最強のサプリメント、それは「水」だった！

わたしは起きがけはもとより、1日だいたい3・5リットルをめどに、こまめに水を飲むようにしています。

なぜなら、**水こそ「最高で最強のサプリメント」**だからです。では、水は体にどのような効果をもたらすのでしょうか。

**◉エネルギーアップ効果**

血液の粘着度を下げ、サラサラにすることで血流を促進します。それによって酸素や栄養が円滑に全身に運ばれ、体内の化学反応も活発化。その結果、代謝がアップし、体脂肪の燃焼につながります。脳の回転も速くなります。

**◉リラックス効果**

1日を通じてゆっくり飲むことで、中枢神経が和らぎ、リラックス効果が高まります。その結果、質の高い睡眠につながり、ぐっすり眠ることができるようになるでしょう。質の高い睡眠によって、精神の安定も得られます。

## 朝だけじゃなく、水は1日通じて効果バツグン!

蛇口をひねって出てくる水。あのたわいもない液体の素晴らしい効能をまとめてみました。さっそくみなさんもグビッと飲んでみましょう!

### 水の効果

- 脳の回転が速くなる
- リラックス効果が高まる
- 排尿頻度が高まり老廃物が排出される
- 便秘も解消される
- デトックス効果が高まる
- 新陳代謝のリズムが良くなる etc.

### 効果的な摂取方法

- お茶やコーヒーではなく水を飲む
- 1日2～3リットルは摂取する
- のどの渇きを感じる前に飲む
- 1日を通じてコップ1杯程度の量をこまめに飲む
- いつでも飲めるようペットボトルなどをつねに携行する

**ここに注意!**

ご飯と一緒に飲むと胃液が薄まり、消化に時間がかかるようになってしまい、胃に余計な負担をかけることに!

## ◉デトックス効果

利尿作用や発汗作用を促進し、体液の循環を良くすることで、老廃物や毒素を体外に排出する効果が高まります。排便のリズムも安定し、便秘の解消にも役立ちます。水を飲むことで、トイレに行く回数が増えますが、定期的な排尿は健康な体づくりに効果があります。ちなみに便秘の定義はご存じですか。日本内科学会では「3日以上排便がない状態」としていますが、わたしからするとこれはおかしいと思います。勤務状況などで左右されますが、やはり1日1〜2回が自然ではないでしょうか。もし、詰まり気味だと感じるならば、余計に水を飲むようにしましょう。

## ◉自然治癒力の向上

生命活動に必要な水分が、つねに体内にある状態を保つことで、新陳代謝のリズムが改善され、体を本来あるべき状態に改善する効果が得られます。その結果、病気や怪我などの回復も早くなるでしょう。

ポイントは、お茶やコーヒーではなく、まじりっけなしの水を飲むこと。**理想的な飲**

**みかたとしては、コップ１杯程度（２００ミリリットル）をめどに、１日を通じて少しずつ飲むこと**をオススメします。

たとえば、体重が60キログラムから70キログラムの成人男性の場合、1日に必要とされる総摂取量は2リットルから3リットルとされています。ですから、**1日に10回から15回程度、コップ１杯の水を飲むことを続けてみましょう。**

こまめに飲んだほうがいい理由、それは、一度に大量の水分を摂取しても、体の受容量には限度があるから。体内の水分は、一定量以上になると排出されてしまいます。

「いやいや、2リットルなんて無理ですよ。無理無理！」

では、こんな方法はどうでしょう。飲食店に入ったとき、とくにのどが渇いているわけでもないのに、何の意識もせず目の前にあるコップの水を飲んでいませんか？

こうした「習性」をヒントにして、普段の生活でも、目の前にコップやペットボトルを置いておきましょう。それだけで自然に水分が摂取できます。ぜひ試してみてください。

一言サプリ！

**わたしは毎日７回飲む時間を決め、毎回５００ミリリットル、総量３・５リットルを摂取中！**

30

# 実はコンディショニングの8割は食事の質で決まる!

もう一度確認しておくと、**コンディショニングは「体を鍛えること」と「食生活」の2ふたつから成り立っています。筋肉を鍛えるのに必要なのがフィットネス、食生活の管理に欠かせないのがヘルスの視点**です。

これが、ハイパフォーマンスな体づくりの基本的な考えかたですが、体を鍛えることと食生活の割合を考えてみると、**「コンディショニングの8割は食事で決まる」**と言っても過言ではありません。**仮に毎日15分のトレーニングができなかったとしても、食事を変えるだけで、みなさんの体は驚くほど変わっていきます。**

わたしたちの体は、日々、新陳代謝を繰り返し、つねに新しい細胞へと生まれ変わっています。部位ごとに見ていくと、胃腸は5日、心臓は22日、皮膚は28日、筋肉は60日、骨は90日で、新しい細胞に置き換わっていくのだそうです。

最初のうちは「わずかな変化」かもしれません。

しかし、たとえば2週間なら2週間、毎日、着実に積み重ねていくことで、体の組成は変わっていきます。

これから紹介する「ボディデザインフード」は、3つの食品リストから構成されています。

また、パフォーマンスを低下させる食品リスト＝「メタボフード」は2つの食品リストで構成されています。まずは、この合計5つの食品リストを見ていきましょう。

**リスト1**　スーパーデトックスフードに準じる食品
**リスト2**　健康な体を維持するための食品
**リスト3**　体に良い食品
（リスト1〜3）ボディデザインフード

**リスト4**　要注意！　毎日食べるのは問題がある食品
**リスト5**　厳禁！　健康を害する食品
（リスト4〜5）メタボフード

メタボフードについては、ビジネスパーソンたるもの、仕事上のつきあいで、どうしても口にせざるをえない機会も多々あるでしょう。しかし、だからこそ、〝体に効く食事〟〝効かない食事〟を意識しておく必要があるのです。

一言サプリ！

**ふだんの食生活から「リスト4」と「リスト5」の食品を除くだけでも体は変化します。**

# ボディデザインフード&メタボフードリスト

右から左へと段々と危険度が増しています。しっかり確認してください。なお、リスト1の「スーパーデトックスフード」に関しては、P118 項目「34」を参照してください。

## ボディデザインフード

### 体に良い食品

- 脂肪の少ない牛肉
- 脂肪の少ない鳥肉
- 羊の肉
- 豚の腰肉
  （テンダーロイン）
- 全粒粉のベーグル
- 全粒粉のマフィン
- オーガニックバター
- マスタード

**ポイント**

これらも体に良い食品ですが、体脂肪を減らすという点から考えると、少量の摂取に留めるべきです。

### 健康的な体を維持するための食品

- ナッツ類
  （アーモンド・クルミ・カシューナッツ・マカデミアンナッツなど）
- 玄米
- 全粒粉のパン
- オートミール
- イモ類
  （ヤマイモ、サツマイモ、ジャガイモ）
- 無脂肪乳
- 低脂肪乳
- シリアル
- 豆乳
- アボカド
- そば
- ピーナッツバター

**ポイント**

**1.** ご飯派の方は玄米を、パン派の方は全粒粉のパンに変えるだけで、白米や漂白されたパンに比べ、ファイバーとミネラルを3～5倍摂取できます。
**2.** 最近話題の「グルテンアレルギー」の方はグルテンを含むパンを、また「乳糖アレルギー」の方は乳糖を含む乳製品を避けるようにしてください。
**3.** このリスト内の食品を食べると健康的な体を維持することができますが、体に良いからといって、たくさん食べるのは禁物です。

### スーパーデトックスフードに準じる食品

- 卵
- 魚介類
- きのこ類
- 発酵食品
  （チーズ・納豆・ヨーグルト・味噌・しょう油・みりん・黒酢・塩こうじ・豆板醤など）
- 豆類
  （豆腐・おから・枝豆など）

**ポイント**

魚類、豆類などのタンパク質は、「特異動的作用（摂取した栄養素の分解をするために熱〈カロリー〉代謝が発生すること）によって自動的に半分近いカロリーが消費されます。そう、タンパク質は代謝を上げてくれるのです。

## メタボフード

### 厳禁!
### 健康を害する食品

・ケーキ、キャンディ、クッキー、ドーナッツ、チョコレート、洋菓子類
・砂糖の多いシリアル
・ポテトチップス
・ハンバーガー
・ホットドッグ
・サンドイッチ
・アイスクリーム
・フライドポテト
・すべてのサラダドレッシング
・ソーセージ
・すべての揚げ物（フライ）
・油を使った中華料理
・ソーダ類
・ソフトドリンク
・クリームチーズ
・ベーコン

**ポイント**

この食品群に共通しているのは「脂肪」です。どの食品も、ボリュームのわりにカロリーが高い、脂肪分が多い、トランス脂肪酸（体に悪い脂肪）が多い、漂白（精製）された砂糖類を多く含む、栄養価が低い、塩分が非常に多い、化学調味料を多量に加えている……等々の特徴があります。これらの食品はできる限り避けてください。

### 要注意!
### 毎日食べるのは問題がある食品

・脂身の多い牛肉類
・脂身の多い豚肉類
・マーガリン
・シーザーサラダ
・クラッカー
・マヨネーズ
・ポテトサラダ
・ラーメン
・ピザ
・ポップコーン
・ラザニア、スパゲッティ
・メキシカンフード
・脂肪分を控えめにした洋菓子類

**ポイント**

たまに食べるくらいなら健康を害することはありませんが、これらを毎日のように食べるのはオススメしません。

# 31

# ジョコビッチ、糖質制限、シリコンバレー……。いったいどれが正しいのか？

世の中にはさまざまな健康本やダイエット本があふれています。

最近の例を挙げると、世界的テニスプレーヤーのノバク・ジョコビッチ選手は「グルテンフリー」を提唱しています。グルテンとは小麦などに含まれるタンパク質のこと。グルテンの摂取を2週間やめた後、続く2週間は糖分と乳製品を制限するというアプローチです。また、ITビジネスで成功を収めた企業家が「シリコンバレー方式」を掲げ、「バターコーヒー」など独自の食事法を紹介している本も注目を集めています。いずれもベストセラーとなり、多くのビジネスパーソンが関心を寄せていることでしょう。

わたし自身、重度の健康マニア（！）なので、これまでさまざまな食事法を試してきました。ですから、ジョコビッチ選手の食事法や、シリコンバレー方式を試している方々の気持ちもよくわかります。

実際、糖質制限どころか、糖質の摂取をいっさい断って、「無糖状態」の体にしたこともありますし、欧米で注目されているさまざまな断食法も、ひととおり試してみました。その経験から言えるのは、**短期的にはまあまあだが、長期的には価値が低い。結論、個人的にはハイパフォーマンスな体づくりとは結びつかない**と感じています。

とはいえ、自分自身のコンディショニングに対し、高い意識をもつ人々が増えていること自体はいいことです。かつてのわたしがそうだったように、本来ならひとつひとつの食事法を実際に試してみて、自分に合ったものを選択できればよいのでしょうが、ビジネスパーソンにとっては、「どれも効果がありそうで、結局、どの食事法を選べばいいのかわからない」「そもそも忙しくて、あれこれ試す時間も余裕もない」「正直な話、すぐに効果が出るものを教えてほしい」といったところでしょう。

そこで判断の基準になるポイントを、ひとつだけ挙げておきます。それは**「ダイエット＝カロリー制限」という落とし穴に気をつけてください**、ということです。

多くの方々は「カロリー制限＝食事を制限」というふうに捉えています。大筋では正しい考えかたですが、しかし、**大事なポイントが抜け落ちています。それは「どんな栄養素を摂取すべきか」という視点**です。カロリーより、まず栄養素を気にすること。この点が理解できていなければ、ハイパフォーマンスな体づくりは成立しません。そのうえで、自分に合ったものを探すのが、いちばんいいやりかただといえるでしょう。

一言サプリ！

**脱「カロリー信仰」こそが、豊かで健康的な食生活実現へのカギ！**

# 32
# 庄司流食事法でバランスのよい食事をとる

食べ物の選びかたとともに、調理法に関して重要なこと。それは、基本的には「調理用の油を使わない方法」を重視するということです。具体的には、「生食➡蒸す➡煮る➡焼く」という方法で調理されたものを意識しましょう。

これは調理することによって、「栄養素が失われること」を避けるためです。食べものに含まれている栄養素をそのまま摂取するには生食がうってつけですが、食材によっては生食が難しいものもあります。

そこで、**オススメは「蒸し料理」**です。逆に、**調理油を使用する「揚げる」とか「炒める」調理はできるだけ避けてください。栄養素が失われるだけでなく、酸化した油脂が体内の酸化を引き起こす**からです。

1日の栄養バランスについては、ざっくり一般化すると、とくに食生活に気をつかっていない方々は「タンパク質15％・脂質15％・炭水化物70％」といった感じだと思います。しかし、本当は**「タンパク質40％・脂質20％・炭水化物40％」が理想。**

とはいうものの、理想どおりに栄養管理ができる方であれば、そもそもこの本を手にとってはいないでしょう。いま実際に「タンパク質40％・脂質20％・炭水化物40％」という数値を目にして、即座にイメージできる方はいないと思います。「主食＝ご飯（炭水化物）」というイメージを捨て、「主食＝肉（タンパク質）」というような極端なイメージを持っていただいてもいいくらいです。

ただし、わたしが提案する食事法では栄養バランスやカロリー計算は不要です。以下に挙げる3つのポイントを守っていただければ、ほぼ「理想どおりのバランス」が実施できます。そう断言してしまいましょう。

- **高タンパク食を心がける**（皮なしの鳥肉・魚介類・大豆類など）
- **脂質の摂取は意識しなくてもいい**（魚類・大豆類から自然にとれる）
- **炭水化物は大量の野菜と果物から摂取する**（穀物は玄米などを少量にとどめる）

よく「低炭水化物ダイエット」という言いかたを耳にしますが、むしろ**「高タンパク質ダイエット」**がキーワードだということ、よく心得ておいてください。

一言サプリ！

**蒸し料理が面倒でもシリコンスチーマーなら、レンジでチンで超簡単！**

## 33
# 「エンザイム」と「ファイバー」で体を内側からキレイに変える

俗に5大栄養素と呼ばれているのは、炭水化物・たんぱく質・脂質・ビタミン・ミネラルの5つ。なかでもビタミンとミネラルが含まれている食べものが重要です。

さらに、これらのほかにも非常に重要な栄養素があることをご存じでしょうか。それが**「エンザイム（酵素）」**と**「ファイバー（食物繊維）」**です。

エンザイムは、数百から数千種類あるといわれていますが、その役目をひとことで言うと「分解」です。栄養素は、エンザイムによって分解された後、体内に吸収されます。

言い換えるなら、**どんなに栄養素が豊富な食品をとったとしても、エンザイムがなければ栄養素は吸収されず、体をつくることはできない**のです。

また、エンザイムが体内に豊富にあれば、食事の量が少なくても、栄養素を効率的にとりいれることができます。腕のよい大工さんは材料を無駄なく使うといわれていますが、まさしくエンザイムという「腕利きの大工さん」がいるおかげで、わたしたちの体は栄養素を無駄なく吸収できるのです。

ところが、**「腸内の汚れ」が原因となり、エンザイムが体内で無駄使いされていることも多い**のが実状です。腸内が汚れているとエンザイムがうまく機能せず、栄養素の分解・吸収が鈍ってしまいます。その結果、エンザイムが必要以上に動員されるだけでなく、食べものを消化することだけに集中してしまうのですが、これは問題です。
なぜなら、**エンザイムは「代謝の活性化」という機能も持っています。**ですから、エンザイムの働きが食べものの消化だけに向いてしまうと、代謝が下がってしまいます。つまり、パフォーマンスが低下してしまうのです。

ですから、腸内環境を改善しておくことも、ハイパフォーマンスな体づくりには必須。このとき活躍するのが「ファイバー（食物繊維）」です。その役目は「老廃物の掃除」。エンザイム本来の働きである「栄養素の分解・吸収」と「代謝の活性化」を発揮させるため、ファイバーをどんどん摂取し、腸内環境を「きれいな状態」に整えましょう。

エンザイムとファイバーの力によって、腸が活発に動き始めると、そのほかの内臓も活性化します。また、腸は「第2の脳」と呼ばれるほど、脳と密接な関係があります。ですから、腸をクリアにすれば脳もクリアになり、思考が冴えてパフォーマンスも上がっていきます。つまり、腸を整えると、体の内側から健康になれるのです。

一言サプリ！

**野菜や果物を積極的に食べてレッツ「腸内デトックス」！**

34

# 腸から内臓、そして脳まで変える!
# 驚きの「スーパーデトックスフード」!!

では、エンザイムとファイバーは、どのように摂取すればいいのでしょうか。今、世の中では、このふたつの効能をうたったサプリが山のように発売されています。しかし、わたしは自然界から得られるものを、わざわざサプリでとる必要など、まったくないと考えています。人間の体にいちばん合うもの、それはやはり自然由来のなるべく手の入っていないものなのです。

では、私が名づけた、その名も「スーパーデトックスフード」なるものを見ていきましょう。これはご覧いただければおわかりの通り、野菜と果物ばかりです。もちろん、いずれの野菜・果物にも、腸から内臓、そして脳も活性化させるエンザイム、そしてファイバーがたっぷりと含まれています。

**野菜**

ブロッコリー、キャベツ、レタス、トマト、ニンジン、ホウレン草、タマネギ、アスパラガス、セロリ、マッシュルーム、カボチャ、オクラ、ニンニク、サヤインゲン、サヤエンドウ、パセリ、カブ、ダイコン、キュウリ、セロリ、トウモロコシ、ネギ、ナス

**果物**

リンゴ、バナナ、アンズ、ブラックベリー、ブルーベリー、パパイヤ、マンゴー、マスクメロン、オレンジなどのミカン類、モモ、スモモ、サクランボ、種無しブドウ、ナシ、イチジク、パイナップル、グレープフルーツ、プルーン、ブドウ、ザクロ、イチゴ、キウイフルーツ、カキ

食生活で気をつけていただきたいのは、これらのスーパーデトックスフードを意識して食べるようにすること。たとえば、リンゴやバナナなどは「常備しておく」といいかもしれません。

最初は、「スーパーデトックスフードから外れているもの」を判断できるようになってください。さらに、P110の分類表を参考に、「体に良いもの」「食べても大丈夫なもの」「食べてはいけないもの」が区別できるレベルを目指しましょう。

一言サプリ！

**もうサプリメントなんてやめよう！**
**人間には自然由来のものがいちばん!!**

# 35 理想の食習慣は1日6食!?目からウロコの食事パターン!

一般的には、朝・昼・晩の3回で「1日3食」の生活を送っている人が大半だと思いますが、「ハイパフォーマンスな体づくり」を目指すなら、これを「1日6食」に変えてみませんか。

「えっ? 何を言ってるんですか! そんなに食べられるわけないじゃないですか!」

たしかに、いきなりそんなことを言われたら、きっと誰でもびっくりしますよね。しかし、この提案には合理的な理由があるのです。仮に30代のビジネスパーソンが1日に2400カロリーを摂取しているとしましょう。

**1日3食の場合は、1回の食事でそれぞれ800カロリーの摂取。**

**1日6食の場合は、1回の食事でそれぞれ400カロリーの摂取。**

このふたつの違いは一目瞭然ですね。「1回の摂取量」が異なります。

1日3食の場合は、食事をする際、一度に大量の食べ物が入ってくるので、消化・吸収に時間とエネルギーが必要になります。そうなると内臓に負担がかかります。

一方、**1日6食の場合は、1回ごとの摂取量が少ないため、栄養素を効率的に消化・吸収することができます。**もちろん、**内臓への負担も減る**でしょう。

また、実は**「体脂肪」という観点からも、1日6食というパターンのほうが合理的**です。人類は、食べものが摂取できない場合に備えて、体内にエネルギーを溜め込む仕組み＝「体脂肪を蓄える」能力を発達させてきました。その結果、長時間、空腹を感じると、人間の体はエネルギーを溜め込もうとする（＝体脂肪を蓄えようとする）のです。

ですから、**逆に空腹を感じる時間を短めにしておく、つまり、1日6食ペースで食べものを摂取し続けると、「体脂肪を溜め込まない体」になる**わけです。

**1日で摂取するカロリーは同じですが、食事の回数を増やし、1回ごとの量を減らすことで、ハイパフォーマンスな体へと生まれ変わる**というわけです。

「理屈はわかりました。けれども、実際問題、1日6食なんて無理ですよ！」

ごもっともです。たしかに働いていると、1日6食というハードルは高いですよね。わたし自身、授業に部活動にと、朝から夜遅くまで働いていますから、そうした意見も痛いくらい理解できます。

そこで**オススメしているのが「間食」**。次項でその驚くべき効用をお伝えしましょう。

一言サプリ！

**1日6食ペースなら、1日3000カロリー摂取しても大丈夫!?**

36

# 「間食は敵」というのは大間違い！体脂肪を溜め込まない空腹時の味方だ!!

「間食のススメと言われても……。どうしても太ってしまうイメージがあるし……」

たしかに。間食というと、チョコレートやポテトチップスのようなジャンクフード、この本で使っている言い方だと、健康を害する食品である「メタボフード」を自堕落に食べているイメージを思い浮かべる方もいるかもしれませんね。

そこで、まずは間食の時間帯について、こんなふうに考えてみてください。

**・1日3食　朝食・昼食・夕食**
**・1日6食　朝食・間食・昼食・間食・間食・夕食**

わたしの場合、職場では午前10時と午後3時をめどに、5分以内に間食を済ませています。たとえば、10時には干し芋を2切れと笹かまぼこ、3時にはリンゴ1個と豆乳500ミリリットルといった具合に。参考までに、オススメの間食メニューも挙げておきましょう。リンゴ1個（皮ごと丸かじり）／バナナ2本／おにぎり1個／干し芋2、3切れ／笹かまぼこ／殻付きの落花生やナッツ類を、大きくひと握り程度／ドライフルーツ（マンゴー、プルーン、レーズン、いちじくなど）／野菜スティック（きゅうり、

にんじん、だいこんなど）

**間食といっても、食べるものは「スーパーデトックスフード」か「ボディデザインフード」から選ぶことが大事**です。また、**笹かまぼこのように良質なタンパク質が含まれているものもオススメ**です。

もちろん、こうした形で間食をとるとともに、朝・昼・晩の食事量も意識して、少し減らす必要がありますが、**1日6食のパターンに変えることで、いわゆる腹八分目の食事も、ごく自然に実践できるようになる**でしょう。

そうはいっても、休憩時間をとるのもままならない、激務にさらされているビジネスパーソンも多いはずです。その場合、少なくとも昼食と夕食の間隔が空きすぎている可能性があります。そこで、その間に一度だけ間食をし、さらに退社後、もう一度、間食をとる。この場合は「1日5食」になりますが、それが無理なら、まずは昼食と夕食の間か退社後に間食を挟む「1日4食」を試してみましょう。

一言サプリ！

**間食を習慣化するために重要なのは「準備」。仕事を終えたあと、翌日の間食を用意しておこう！**

## 37

# 心と体を解放する週に一度の「ご褒美デイ」

何をどのように食べたらいいのか。このあたりまで読み進めてきた方は、基本的な部分は、ある程度、理解できたのではないでしょうか。あるいは、「ちょっとストイックすぎ」「食事の楽しみを奪われるのは勘弁!」などと思う方もいるかもしれませんね。

でも、安心してください。**「好きなもの」を我慢する必要はありません。ただ、条件があります。「週に1日だけ」**です。これを**「チートデイ(ズルをしてもいい日)」**と呼んでいます。

わたしの場合はこんな感じです。

週末、自分が好きなものを、思う存分、食べています。たとえばディナーは、食べ放題のバイキング料理で、好きなものを好きなだけ、がっつり食べるようにしています。周囲が引いてしまうくらい、とにかく食べまくっているのです。

昔の話ですが、マクドナルドでフライドポテトのLサイズを3つに、ビッグマックを3つ、アップルパイを2つ、チキンナゲット16ピースを平らげたこともあります。

どうですか。少しは安心できましたか。(びっくりしたかもしれませんが)そう、**食に対する気持ちは我慢しなくてもいい**のです。**「食べたいものを食べたいだけ食べる日」を設ければ、食にまつわるストレスは大幅に軽減されます。**

もちろん、これはあくまでも「週に1日だけ」の話。それ以外の6日間は、P110で紹介したリストを参考に、バランスのよい食事を心がけましょう。

チートデイは、精神的なストレスを軽減するだけでなく、肉体的な面においても重要な役目を担っています。その**メリットは、大量のカロリーを一気に摂取することで「代謝を高められる」ところにあります。**

人間の体には「いまの状況」に適応しようとする機能が備わっています。そのため食生活をスーパーデトックスフード中心に変更すると、そこで摂取したカロリーだけで活動できるよう、代謝率を下げる傾向が出てきてしまいます。いわば体が「省エネモード」になってしまうのです。

それを避けるためにも、週に1日、チートデイを設けることが大事なのです。自分の体に「代謝を下げなくてもいいんだよ！」という信号を送るつもりで、この日だけは好きなものを好きなだけ食べてみましょう。

一言サプリ！

**チートデイには、ケンタッキーフライドチキンを箱買いして、一気に8ピース食べてみよう！（……クレイジーですね）**

## 38
# 忙しい時でも健康をキープ！コンビニで食べていいのはこれだ！

先に「1日6食」のパターンに変えるだけで、ハイパフォーマンスな体づくりに役立つことをお話しました。そのとき、わたしの実践例を含め、オススメの間食も記しておきました。

6食のうち、自己管理できるものはどれなのか、一般的なケースを考えてみると、

**朝食　自宅**（コントロールできる）
**間食　持参**（コントロールできる）
**昼食　外食**
**間食　持参**（コントロールできる）
**間食　持参**（コントロールできる）
**夕食　自宅もしくは外食**

という感じになると思います。6食のうち4食は、ある程度まで自己管理ができますが、昼食と夕食に関しては、なかなかそうもいかないでしょう。

わたしの場合、昼食は手づくりの弁当を持参しています。

もちろん、それができるに越したことはありませんが、自分でつくるにしても、家族にお願いするにしても、「弁当づくりはハードルが高いなあ」と感じる方は、少なからずいらっしゃると思います。

まして、忙しい日々を送るからこそ、「コンビニ弁当でいいや」というケースも多いはず。しかも、「コンビニで売っているものばかり食べていたら、ちょっと問題だよなぁ」という思いを抱きながら……。

しかし、本当にコンビニ食ってダメなものなのでしょうか。

いいえ、そんなことはありません。**きちんと選べば、コンビニ食だってボディデザインフードとして「使える」**のです。

ざっくり**意識してほしいのが、「和食➔中華➔洋食」という視点。**「和食は体によい」という話は、さまざまなところで耳にしたことがあると思いますが、たしかに「旅館の朝ごはん」は栄養バランスがとれた食事です。

また、項目「32」で挙げた食事法のポイントを復習すると、「高タンパク食を心がける」「脂質の摂取は意識しなくてもいい」「炭水化物は大量の野菜と果物から摂取する」の３点となります。

まさに「旅館の朝ごはん」が、この条件を満たしていることがわかるでしょう。同じように、**コンビニ弁当を買うときは、洋食よりも中華、中華よりも和食という意識を持つと、商品選びに迷いがなくなります。**

もうひとつのポイントは、**惣菜コーナーを利用する**こと。

揚げ物やら炒め物やらが入った「弁当」より、アラカルトで選べる「惣菜」のほうが、自己管理できる度合いが、はるかに高いからです。

**惣菜コーナーでのオススメは、なんといっても最近はどこのコンビニでも扱っている「サラダチキン」と野菜たっぷりのサラダ。**蒸した鶏肉と生野菜は、最高の取り合わせです。

サラダチキン、サラダ、おにぎり1個。これにデザート代わりのリンゴやバナナが加われば、立派なボディデザインフードの完成です。

ちなみに一部のコンビニではナッツやドライフルーツも扱っていますので、そちらは間食用に買い求めておきましょう。

一言サプリ!

**わたしの昼食は蒸した鶏肉とブロッコリーが基本。毎日、せっせと弁当箱に詰め込んでいます。**

## 意外と実力があるコンビニ惣菜

今回、改めて某コンビニチェーンの全メニューを見直してみて思いました。「某チェーン、意外に使えるぞ！」と。ものによってはパフォーマンスを維持どころか、上げられるものもあります。以下、定番と思しき使える商品を改めて見ていきましょう。

**サラダ**

ごぼうとれんこんのサラダ、蒸し鶏の中華風サラダ、コールスロー、キノコのサラダ、新玉ネギサラダ、ツナサラダ etc.

※ただし、パスタや麺などが入っているものは避けること

**和惣菜**

枝豆、たけのこの土佐煮、半熟ゆで卵、らっきょう、茶わん蒸し、厚焼き玉子、もずく、めかぶ、おぼろ豆腐 etc.

**その他惣菜**

カマンベールチーズ6P、豆乳のクリームスープ、白菜キムチ、ささみスモーク、1/2日分の野菜が入ったスープ、トウモロコシスープ etc.

**主菜**

おでん、豆腐キムチチゲ、グリルチキン、スモークタン、チキンステーキ、イカあぶり焼、サケ塩焼き、サバ塩焼き etc.

**ここに注意！**

やはりコンビニの罠といえば「ついで買い」。使えるものがある反面、それらは多勢に無勢。圧倒的にメタボフードに包囲されていますから、ひょいっと手を伸ばして、罠にはまるのだけは絶対に避けましょう。

# 39 ハイパフォーマンスの大敵、「外食」を味方にする方法

選びようによっては、コンビニ食も「強力な援軍」になってくれることをお話ししましたが、**ハイパフォーマンスな体づくりにとって大敵だと思われている「外食」だって、考えかた次第では「味方」になってくれます。**

ここでも「和食➡中華➡洋食」という視点を活かしてください。あわせて、項目「32」で紹介した「生食➡蒸す➡煮る➡焼く」の調理法も頭の片隅においておけば、より健康的な選択ができるようになります。

**オススメはビュッフェスタイルの店。理由はコンビニ食と同じく、必要なものを自由に選べるからです。**家族や仲間と外食するとき、それぞれ好きなものが食べられるという点でも、喜ばれると思います(とはいえ、ビュッフェスタイルが続くと、家族からは「ええっ! またぁ?」と非難の声があがるのは間違いありませんが……)。

健康志向の高まりを反映してか、和食メインの定食屋チェーン店も繁盛しています。どの地域にも出店していますから、こうしたお店もバリバリ使いこなしましょう(ちなみに、わたしはもっぱら「O戸屋」さんを利用しています)。

外食といえば、同僚や友人に誘われるケースも多いと思います。たとえばお世話になっている先輩に、

「ラーメン食いに行こうぜ！」

と声をかけられたら、さあ、どうすべきでしょう。

対応はいくつか考えられますが、

- **「ラーメンより、うどんか蕎麦のほうがいいです！」と逆に提案する**
- **タンメンを頼み、麺の上に乗っている野菜だけを食べる**（麺とスープは残す）
- **チートデイと捉えて、ラーメンをおいしくいただく**（麺とスープを完食）

といったあたりが現実的な答えではないでしょうか。なかでも**大人の対応としては、この日をチートデイ（ズルをしてもいい日、Ｐ１２４参照）として考えるのがベストで**しょう。

あるいは「自分はいま、肉体改造している」「ジャンクフード（メタボフード）は食べない」という姿勢を、あえて周囲にアピールしておくと、周りも意識してくれるようになるでしょう。

事実、わたしはそうし続けたところ、「健康第一タイプ」なんだと認識してもらえました。しかも、健康意識が伝染したのか、ささみがおいしい店、そばがきが名物の店など、ヘルシー志向の店を用意してくれるようになったのです。

とはいえ、これは特殊なケースだということはわかっています。やはりビジネスパーソンにとって、人間関係は大切です。そのあたりは自分自身の状況を考えながら、臨機応変に対応するのが望ましいと思います。

それに「1日6食、すべてボディデザインフード」というように、最初から完璧主義を目指すると、途中で息切れして、続かなくなる危険性も出てきます。ビジネスパーソンなら、毎日の業務で経験している分、理想と現実の間で「落としどころ」を探っていくのは得意なはず。

**つまり、自分なりの落としどころを考えながら、外食という大敵をゲーム感覚で攻略していく姿勢が大事**なのです。それくらい気軽な気持ちで接するほうが、結果的に長続きします。

一言サプリ！

**普段きちんと食事に気をつかっていたら、たまに食べるラーメンもおいしく味わえる！**

# 外食は毎回勝利を目指さない！

外食に限らず、食生活のあらゆる側面について言えることかもしれませんが、あくまで目標＝ハイパフォーマンスな体づくりということからスタートして、ベストが無理ならベターな選択を。ただし、１回食べ過ぎた、メタボフードを食べたくらい、どうってことありません。次の日、取り返せばいいのですから気楽に考えましょう。

## 自分で選択できる場合

**・外食版食べる場所選び「勝利の方程式」＝和食＞中華＞洋食**

**・外食版食べるもの選び「勝利の方程式」＝生食＞蒸す＞煮る＞焼く**

○ **勝利**：和食のお店で「日本そば」「刺身定食」「煮魚定食」、中華のお店で「棒棒鶏定食」

× **敗北**：和食のお店で「唐揚げ定食」、中華のお店で「回鍋肉定食」、洋食のお店で「ハンバーグランチ」

## 相手から誘われた場合

**・スーパーデトックスフード、あるいは野菜が多そうなメニューを頼んで、なるべくそれだけを食べるようにする**

**・勝利の方程式に近づけるようなメニューを頼む**

**・この日を「チートデイ」とし、何も考えずに、ひたすら会食を楽しむことにする**

**ポイント**

周りに合わせる、流されるのも、ある意味ビジネスパーソンとしては大事な技能ではありますが、ハイパフォーマンスというより大きな目標のために、あえて普段は「健康第一タイプ」だということを周りにアピールし、相手に食事を合わせてもらえるようなったら最高ですね。当然、そのお相手もヘルシーになれるわけですから。

40

# 飲み会はスタート30分前で勝負が決まる！

プロジェクトの打ち上げや、懇親会、交流会、あるいは給料日直後の金曜日などなど、ビジネスパーソンたるもの、月に何度も飲み会の誘いがあるという方も多いことでしょう。営業関係であれば、「週3回の飲み会は当たり前！」かもしれませんね。

**「みんなで楽しくお酒を飲む」というのは、精神衛生上、ストレス発散という意味では、非常に効果が高い**のは事実。その一方で注意したいのが、飲み過ぎによる二日酔い。パフォーマンスが高い低い以前に、場合によっては、終日テンションの低い状態で仕事をするはめになりかねません。

そうならないよう、ここでは二日酔いを防ぐための「30分前ルール」を紹介します。これは、飲み会が始まる30分前に、ペットボトル（500ミリリットル）を一気に飲みほすというメソッドで、体内に十分な水分を行き渡らせることを意図しています。

なぜ、あらかじめ水分を補給しておくのか。それは肝臓の働きと関係しています。

みなさんご存じのように、肝機能のひとつに「アルコールの分解」があります。分解の際に必要なのが大量の水分。**水分が足りない状態だと、アルコールを分解することができません。**その結果、酔いが回り、ひどいときには二日酔いを引き起こします。

さらに、水分補給の理由はもうひとつあります。肝臓の代謝で水分を使い、尿としても水分を体外に出してしまうと、脱水症状を引き起こしてしまいます。それを避けるためにも、飲み会の前には水分をしっかりと補充しておくことが大事なのです。

もうひとつ「裏ワザ」をお教えしましょう。それは**胃に「油膜」を張り、アルコールの吸収を緩和させる**やりかたです。

よく「飲み会の前に牛乳を飲むと、酔いが回らない」といいますが、これは牛乳の油脂で油膜を張るということです（ですから、牛乳を飲むのであれば、成分無調整の濃いものをオススメします。低脂肪乳だと、さほど意味はありません）。

ただし、油膜を張ったにしても、揚げ物はメタボフードですから、できれば避けてほしいところ。**オススメは発酵食品にプラスチーズ。チーズは高タンパク質のボディデザインフードで脂分も含まれていますから、飲み会中も胃壁にしっかりと油膜を張ってくれます。**もちろん大前提として、飲みすぎには注意ですが……。

一言サプリ！

**楽しい飲み会だからこそ、翌日のパフォーマンスを見越した準備を！**

## 41
# みんなで楽しむ居酒屋で食べていいもの、悪いもの

ギリギリまで仕事で、「30分前ルール」など思い出す間もないまま飲み会に突入……。こんなことも、ままあることでしょう。

でもご安心ください。

コンビニ食や外食と同じく、飲み会で利用する居酒屋でも、ボディデザインフードとメタボフードを区別し、「体にいいもの」をきちんと選べば、バランスのとれた食事は可能なのです。試しに、項目「30」で紹介した食品リストから、居酒屋メニューにありそうなものを抜き出してみましょう。

### 【食べていいもの（ボディデザインフード）】

**リスト1　スーパーデトックスフードに準じる食品**

卵、魚介類、きのこ類、発酵食品（納豆、チーズ）、豆類（豆腐、おから、枝豆）

**リスト2　健康的な体を維持するための食品**

ナッツ類（アーモンド、クルミ）、ジャガイモ、アボカド、へぎそば

**リスト3　体によい食品**

脂肪の少ない鳥肉、羊の肉、馬肉

## 【食べてはいけないもの（メタボフード）】

**リスト４　要注意！　毎日食べるのは問題がある食品**

脂身の多い牛肉・豚肉類、シーザーサラダ、ポテトサラダ、ピザ、メキシカンフード

**リスト５　厳禁！　健康を害する食品**

ポテトチップス、フライドポテト、ソーセージ、揚げ物、油を使った中華料理、ベーコン

となると、**リスト１、２、３を参考に、チーズの盛り合わせ、刺し身の盛り合わせ、冷奴、枝豆、馬刺、ササミのチーズ焼き、卵焼き、焼鳥……等々を注文すれば、まず大丈夫**でしょう。

無論、リスト５については注意が必要です。

酒のつまみとしてポテトチップスが出てくる場合もありますし、居酒屋といえば「とりあえず鳥の唐揚げ」という方も多いのではないでしょうか。フライドポテトやソーセージは洋風居酒屋の定番メニューなのはわかりますが、なるべく食べないようにしてください。

とはいうものの、みんなでわいわい盛り上がっている最中に、食事のことばかり意識しすぎて、飲み会そのものを楽しめなくなるのも考えものです。ですから前述したように、その日はチートデイ（ズルをしてもいい日）にして、メニューはあまり気にせず、出てきたものを「おいしくいただく！」と割り切ればいいのです。

もうひとつ大切なポイントを挙げておきます。

**飲み会で暴飲暴食をしてしまい、「いままでの努力が水の泡だ！」などと落ち込むのはやめましょう。**自分が思い描いていたとおりに事が運ばなかったとしても、それはそれで仕方がないことです。

むしろ「ちょっとした失敗」からヤケになり、いままでやってきたことをすべて投げ出してしまうほうが、よくありません。

ちょっとぐらい食べすぎたって、全然かまいません。そんなことは気にせず、また明日からコンディショニングをがんばればいいだけのことなのですから。

一言サプリ！

**居酒屋でボディデザインできたらめっけもの！これくらいの心がまえで十分です!!**

## まだまだあるぞ、ヘルシー居酒屋メニュー

居酒屋もコンビニ同様、実はメニューが豊富なので、選択のしかた次第では、かなり"筋トレフレンドリー"な食事をすることができます。ただし、あくまで飲み過ぎは体に毒ということをお忘れなく。飲み過ぎ＋メタボフードが体にどんな影響を与えるのか、みなさん、もうおわかりですよね。

### おつまみ

たこわさ、ナスの漬物、だし巻き卵、冷やしトマト、大根サラダ、いぶりがっこ、もろきゅー、チャンジャ etc.

### 魚料理

ほっけ、子持ちししゃも、エイヒレ、しめさば、イカ明太、タコのカルパッチョ、エビのアヒージョ、アサリの酒蒸し etc.

### 肉料理

豚ヒレ肉のソテー、ジンギスカン、桜鍋、ラムチョップ、鶏肉のたたき、鶏肉の炭火焼き、タン塩、蒸し鶏ポン酢 etc.

### 基本的にNG!

鍋の締めのラーメン・雑炊、締めのうどん・チャーハン・お茶漬け・焼きおにぎり、唐揚げ・フライなどの揚げ物類、デザート類 etc.

**ここに注意！**

そもそも居酒屋で飲むお酒自体、炭水化物多めのビールやサワー類ですから、さらに締め系の炭水化物メニューを頼むと体への負担は激増してしまいます。ヘルシーメニューもたくさんあるのですから、とりわけ居酒屋での炭水化物はなるべく避けるように！

42

# コーヒー、ワイン、緑茶におそば……身近な「ポリフェノール」で老化を防止！

わたしはかなりコーヒー中毒の傾向があり、ことあるごとにブラックコーヒーを飲んでいます。みなさんのなかにも、食後にコーヒーを飲まないと落ち着かないという方も、いらっしゃるのではないでしょうか。

コーヒーは単なる嗜好品という以上に、実はハイパフォーマンスな体づくりにも効果があることがわかっています。**カギになるのがコーヒーに含まれている「コーヒーポリフェノール」。この成分には強い抗酸化作用がある**のです。

「酸化」の恐ろしさは、Ｐ22の「有酸素運動」の項でも説明した通りです。呼吸などで体内に取り込まれた酸素は、さまざまな栄養素と結びつき、エネルギーを生み出します。しかし、すべての酸素が効率良く、エネルギーに変わるわけではありません。では、使われなかった酸素はどうなるのでしょう。そう、酸化してしまいます。

酸化のイメージとして、よく言われるのが「金属のさび」。それと同じような現象が、体内で起こるのです。つまり「体がさびついた状態」になるというわけです。さびつくと金属がボロボロになるように、酸化が進むと人間の体も老化します。酸化は、身体機能を低下させ、さまざまな生活習慣病を引き起こす要因なのです。

もうおわかりですね。コーヒーポリフェノールがもつ抗酸化作用は、老化の進行を食い止めます。同時に、老化にともなうパフォーマンスの低下を防ぐ役目も果たしているのです。

それだけではありません。コーヒーポリフェノールの効能として、もうひとつ知られているのが、脂肪の蓄積を抑える働きです。ふだん何気なく飲んでいるコーヒーに、ダイエット効果につながる力が秘められていたというわけです。

このコーヒーポリフェノールのほかにも、さまざまなポリフェノール成分が知られています。たとえば、**赤ワインに含まれるアントシアニン、ココアに含まれるカカオマス、緑茶に含まれているカテキン、そばに含まれるルチン……等々。**

注意したいのは、**抗酸化作用があるからといって、たとえば1日中、コーヒーばかりがぶ飲みするのはよくないということ。**言わずもがなのことですが、それは「バランスのとれた食生活」ではないからです。ハイパフォーマンスな体づくりにおいては、常識の範囲内で「ほどほどにしておくこと」ことこそが、大事なのです。

一言サプリ！

**ざっくり言うと、色の濃い野菜や果物はポリフェノールが豊富。トマト、イチゴ、ブルーベリーなどもオススメ**

## 43 なぜ「食後の運動」は、絶対にやってはいけないのか？

ときどき、こんな質問をされることがあります。

「消化を良くするために、やはり食後は運動をしたほうがいいのでしょうか」

いやいや、それはまったく正反対ですね。**むしろ食後の運動は、胃に余計な負担をかけるばかり。むしろ、食事をしたあとは、リラックスして過ごすのがベスト**です。

食後は、食べものを消化しようとして、胃に血液が集中します。そんなときに運動をすると、せっかく胃に集まった血液が、こんどは筋肉に向かい、そのため消化に必要な血流が少なくなってしまいます。その結果、消化不良を起こしがちになります。

消化に必要な時間は、1時間から2時間程度と言われていますから、その間は自分の体をできるだけ消化に集中させてあげてください。それが胃腸をいたわることにつながり、パフォーマンスを高めることにもなるのですから。

同じように、食後の睡眠も避けたほうがいいでしょう。よく「夕食をとってから寝るまで、少なくとも2時間は空けるように」などと言われますが、これには合理的な理由があるのです。

起きているときに比べると、睡眠時は脈拍や血圧が低くなり、胃腸の活動も低下します。胃の中には食べものが入ったままなのに、消化に必要な血液が集まってこない。そうなると消化に時間がかかり、胃に余計な負担を与えるはめになるのです。

さらに、消化のために胃腸が活動していると、「質の高い睡眠」を妨げることにもなってしまうという悪循環が……。レム睡眠とノンレム睡眠が交互に訪れるからこそ、脳も体もゆっくり休むことができるわけですが、**胃が働き続けていると、体にとっての「深い眠り」であるノンレム睡眠がとれなくなる**のです。十分、気をつけましょう。

ちなみに、消化に必要な時間は1時間から2時間程度と書きましたが、これは1日3食をベースにした考えかた。1日6食を実践し、1回の食事量が相対的に少ない場合は、消化に要する時間も多少は短くなるはずで、わたしの体感としては、1時間程度あれば十分かなという感じです（もちろん年齢や体質によって個人差はありますが）。

いずれにしても、食後はなるべくゆったり過ごし「消化のための時間」を意識しましょう。ささいなことに思えるかもしれませんが、**「食後の1時間をどう過ごすか」という意識も、パフォーマンスの向上（あるいは低下）に結びついている**のです。

一言サプリ！

**どうしても「腹ごなしに運動をしたい」のであれば、軽めの散歩などに留めておくこと！**

## わたしの1日3食

基本的に食事もルーティン化しており、ほぼ毎日同じような方向性の食事を朝昼晩とっています。もちろん、これがわたしにとってのハイパフォーマンスの元。真似する必要はまったくありませんが、「こういうアプローチからのコンディショニングもあるんだ」くらいに思っていただければと思い、（当然のことですが）本邦初公開しました。

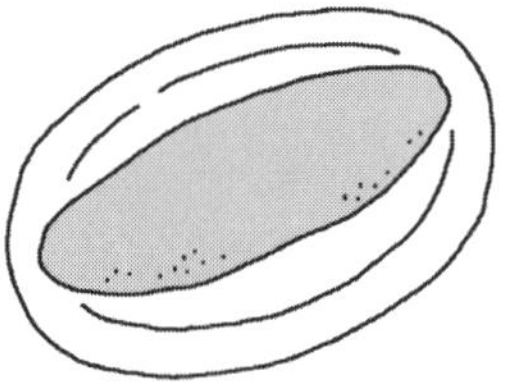

### 朝：オムレツ

とにかく何度となく述べているように、一番大事なのが朝の卵料理。余裕があればオムレツ、時には納豆オムレツを。そうでない時は、卵をかき混ぜてレンジに入れ、半熟状態をかき込みます。本文でも触れたように卵は10個食べますので、オムレツも実はお化けオムレツといっていい大きさになります。

### 昼：蒸しブロッコリーと鶏胸肉orささみ

こちらももう何年も続けている定番ランチ。まさにスーパーデトックスフードの代表ともいえるブロッコリーと鶏肉の取り合わせは、体に、そして筋肉に非常に効果的です。ただし、さすがに飽きるので鶏肉の種類はローテーションさせています。胸肉とささみの２交代制ですが……。

### 夜：鍋とサラダ、ふかしジャガイモ

鍋とサラダというと、ちょっと不思議な組み合わせに思われるかもしれませんが、これは温野菜と生野菜それぞれに利点があるため。生野菜はそのまま栄養素を取り入れることができます。一方、生で食べづらい根菜類は鍋で煮込むとおいしく食べられます。また、鍋に鶏肉や脂身の少ない豚肉を入れることで動物性たんぱく質もきちんと摂取。そこにジャガイモやその他野菜を蒸したり煮たりしたものを足すと、夜食べるのにちょうどいい、お腹にやさしいディナーとなるわけです。

# 間食の上手な考えかた

間食といっても従来のおやつとは違い、空腹を長引かせないことと、栄養の補給が大きな目的です。間食を適度に挟んで、「お腹空きすぎ～」という状態をなるべく減らしましょう。

## ●間食とその時間帯の一例

1. 午前10時に、干し芋を2切れと、笹かま。
2. 午後3時に、リンゴ１個と低脂肪乳500ミリリットル。

## ●間食に適した食品と分量

1. ナッツ類や殻付き落花生（大きく一握り）
2. リンゴ（皮ごと丸かじり）
3. バナナ（2本）
4. おにぎり（1個）
5. 干し芋（2、3切れ）
6. ドライフルーツ（マンゴー・プルーン・レーズン・いちじくなど）
7. 野菜スティックに味噌をつけて（きゅうり、にんじん、だいこん）
8. 高カカオのチョコレート

### ここに注意！

このほかにも P119 で紹介したスーパーデトックスフードの果物類なら、何でもオススメです。また P110 で紹介したボディデザインフードのなかにも、間食に適したものがあります。ヨーグルトやチーズ、あるいはシリアルやオートミール、全粒粉でつくられたベーグル等々です。
ただし、なかには甘めのものもありますから、ついつい食べすぎは絶対に禁物。もちろん、メタボフードのポップコーンやポテトチップは論外です！

| 木曜 | 金曜 | 土曜 | 日曜 |
|---|---|---|---|
| 場所：自宅 | | 場所：自宅 | 場所：自宅 |
| ゆで卵１個<br>ミニトマト４個<br>バターを塗ったトースト２枚<br>コーヒー | 食事なし<br>（寝坊のため） | スクランブルエッグ（卵３個分）<br>バターとジャムを塗ったトースト２枚<br>オレンジジュース<br>コーヒー | ゆで卵２個<br>サラダ<br>バターを塗ったトースト２枚<br>コーヒー |
| 場所：そば屋 | 場所：定食屋 | 場所：公園<br>（弁当屋で購入） | 場所：レストラン |
| ざるそば大盛り<br>そば湯<br>ほうじ茶 | 漬物<br>煮物<br>焼き魚<br>ご飯<br>みそ汁 | 唐揚げ弁当<br>麦茶 | シーフードサラダ<br>タンドリーチキン&メキシカンピラフ<br>コンソメスープ<br>コーヒー |
| 場所：自宅 | 場所：居酒屋 | 場所：自宅 | 場所：自宅 |
| 肉じゃが<br>キュウリとしらすの酢の物<br>納豆<br>ご飯<br>みそ汁<br>ビール１缶<br>日本酒２合 | 大根サラダ<br>枝豆<br>揚げ出し豆腐<br>刺し身<br>焼き鳥<br>など<br>ビール３杯 | サラダ<br>カレーライス<br>赤ワイン1本 | ハンバーグ<br>ブロッコリー&ポテト<br>グリンピース卵とじ<br>ご飯<br>ビール２缶<br>白ワインハーフボトル |
| 朝：パンはできれば全粒粉のものに。<br>昼：ナイス！ そば湯もマストです！<br>夜：納豆、酢の物はいいですが、お酒がねぇ……。 | 朝：朝抜きの場合は間食のナッツをお忘れなく。<br>昼：文句なし！ 日本の定食は最強！<br>夜：居酒屋メニューとしては完璧。お酒はほどほどに。 | 朝：スクランブルエッグは最高。ジュースとジャムは手づくりで。<br>昼：か、唐揚げとは……。トホホ。<br>夜：カレーはご飯ではなく豆腐で。ワインは2杯まで！ | 朝：ドレッシング要注意。トースト1枚、ゆで卵3個でも。<br>昼：ピラフの量だけ気をつけて。<br>夜：ハンバーグの材料は鶏肉と豆腐なら。お酒はワインだけ！ |

## 1週間の食生活で見る「食事の落とし穴」

| | 月曜 | 火曜 | 水曜 |
|---|---|---|---|
| 朝 | 場所：自宅 | 場所：会社<br>（コンビニで購入） | 場所：自宅 |
| | ゆで卵1個<br>バターを塗ったトースト2枚<br>コーヒー | ゆで卵1個<br>ミックスサンドイッチ2パック<br>缶コーヒー | 納豆<br>卵かけご飯<br>麦茶 |
| 昼 | 場所：会社<br>（コンビニで購入） | 場所：レストラン<br>（打ち合わせ） | 場所：牛丼店 |
| | カット野菜<br>和風ドレッシング<br>サラダチキン<br>コーヒー | サラダバー<br>ビーフカレー<br>野菜ジュース<br>コーヒー | 生卵<br>サラダ<br>牛丼<br>豚汁 |
| 晩 | 場所：会社<br>（コンビニで購入） | 場所：自宅 | 場所：自宅 |
| | 幕の内弁当（塩鮭、鶏の唐揚げ、ウインナー、卵焼き、ひじき、ほうれん草炒めなど）<br>ポテトサラダ<br>麦茶 | チキン南蛮<br>かぼちゃサラダ<br>ほうれん草卵のせ<br>ご飯<br>みそ汁<br>ハイボール1缶<br>チューハイ1缶 | 焼き魚<br>大根と豚肉の煮物<br>冷奴<br>ご飯<br>みそ汁<br>焼酎水割り2杯<br>ウィスキーロック1杯 |
| 庄司の“チョイ足し”アドバイス  | 朝：パンは玄米に変更し、納豆追加でレベルアップ。<br>昼：コンビニランチのベストチョイス！<br>夜：連続コンビニ食なので弁当よりも惣菜の組み合わせで。 | 朝：サンドイッチはおにぎりに、コーヒーはブラックに。<br>昼：OK！　食べ順はサラダ先行で。<br>夜：チキン南蛮はNG！お酒は週末まで我慢して！ | 朝：味噌汁があれば完璧！　ただ卵は黄身のみで。<br>昼：生卵は半熟に、豚汁は味噌汁に。ご飯は少なめで。<br>夜：グッド！　ただしお酒は1杯まで。 |

# 蒸し鶏＆温野菜、オリーブオイルがけ

必要な調理器具:シリコンスチーマーor蒸し器(以下、スチーマー)のみ

## 食材

鶏肉(皮なし)、野菜＝食物繊維と水分が豊富な野菜(キャベツ・ニンジン・ゴボウ・玉ねぎ・ブロッコリーなど。P118のスーパーデトックスフードも参照してください)、デンプン質が豊富な野菜(イモ類・トウモロコシ・カボチャなど。P110のリストも参照してください)

### ポイント

一番の特徴は、シリコン製スチーマーを使えば、電子レンジで「チン」で完成なので、非常に簡単なこと。蒸すだけなので、肉や野菜の旨味をそのまま味わえます。野菜の比率は、食物繊維を多く含む野菜：デンプン質を多く含む野菜＝8：2が理想。

食事のタイミングですが、これはみなさんの本気の度合いで決まると思います。1日3食この料理を食べていれば、1カ月を過ぎたころには別人のような体になっているはずですが、いきなり毎食はさすがに大変だと思うので、まずは1日1食から試してみてください。

なお、食べる量については、お腹がいっぱいになるまで食べてしまってOKです。いやむしろ、お腹いっぱいになるくらい食べてください。そのほうが体脂肪は減っていきます。

## 調理方法

① 野菜を洗う。
② 野菜と肉を食べやすい大きさにカットする。
③ スチーマーに食材を並べる。
④ 電子レンジで調理する(約3分)。
※最近の電子レンジは高性能なので、いろいろなパターンで調理ができるように設定されています。ちなみに私の電子レンジには「蒸しボタン」があるので、それを押すだけです。
⑤ レンジの中でスチーマーから水蒸気が出なければ、さらに2分。
⑥ 蒸し終わったら、皿に盛りつける。
⑦ オリーブオイルとハーブソルトをかけて完成。

男の超簡単ハイパフォーマンスレシピ ❷

# 特製スーパーデトックス野菜スープ

必要な調理器具:大き目の鍋or圧力鍋のみ

## 食材

煮トマト５個、ニンジン（中程度）５本、タマネギ５個、ヒヨコ豆 100 g、ほうれん草 250 g、キャベツ（中程度）１個、マッシュルーム５個、にんにく１かけ、ブロッコリー１房、鶏肉 500 g、コンソメの素・クレイジーソルト（ハーブ&ソルト）適量、オリーブオイル少々

## ポイント

アメリカではこのスープを飲むだけで体脂肪が減る「魔法のスープ」とも言われています。紹介した食材以外に、スーパーデトックスフードの追加も OK です。煮トマト、ひよこ豆は缶詰を利用すると便利。

この料理は本当に効果があります。これだけでかなりのデトックス効果があると断言できます。まず自分で試してから、材料や味を吟味し、自分好みの特製スーパーデトックス野菜スープをつくってください。ちなみに私は時間節約のために、圧力鍋で煮込んでいます。４時間かかるところが、わずか５分で終わるので、とても便利ですよ。

## 調理方法

① 野菜すべてを水洗いする。
② ニンジンは皮をむかない。水で泥を落とす程度でよい。
③ にんにくはみじん切りにする。
④ すべての食材を小さめの一口大に切る。
⑤ 鍋に野菜をすべて入れ、水を 500ml（適宜）入れる。
⑥ 鍋を強火で煮る。沸騰後カットした鶏肉を入れ５分煮る。
⑦ コンソメ・鶏がらスープなどを入れて、味を調える。
⑧ 低温でコトコト４時間ほど煮込む。
⑨ クレイジーソルトなどで味付けをする。
⑩ 食べる直前にオリーブオイルをたらして完成。

第３章のまとめ

Check Point

・とにかく毎朝、起き抜けのコップ1杯の水と朝食の卵1個を忘れない
・「コレステロールが高いから卵はせいぜい1日1個」は単なる迷信！
・カロリーを制限するより、栄養素に気を配るほうが大事
・調理法は「生食→蒸す→煮る→焼く」の順を意識する
・エンザイムとファイバーによるデトックスで腸から健康になれる
・間食を挟んだ1日6食が理想の食生活
・週に一度のドカ食いデーで代謝をアップ！
・コンビニも外食も居酒屋メニューも選びかた次第で体の味方になる
・「食後の運動」は胃に負担がかかるだけだからNG！

第 ④ 章

# ルーティンが自然に身につく「習慣化の法則」

# 44

# 「やる気スイッチ」を入れるために
# まずは自分の欲望を棚卸ししてみよう

「気合を入れろ！」という言いかたをよく耳にします。そういうふうにおっしゃる方は、叱咤激励のつもりで声をかけているのでしょう。しかし、はたして気合は「入れる」ものなのでしょうか。

わたし自身は、気合は外側から「入れる」のではなく、ごく自然に「入る」ものだと捉えています。ですから、生徒を指導するときも、彼らが自ら「やる気スイッチ」を入れられるような環境を整えることを第一にしています。**自分で自分のスイッチを入れない限り、気合は絶対に入りません**から。

これは生徒だけに限った話ではありません。やる気やモチベーションをどう保つか。それはビジネスパーソンにとっても永遠の課題です。

では、自分で自分のスイッチを入れるには、どうしたらいいのでしょうか。もっとも**大切なのは、目標を設定するときは、他人に決めてもらうのではなく「自分で決める」こと**。本当にやりたいことや、心の底から望んでいることを素直に目指すことがポイントです。そうすれば「やらされている感」をおぼえることもなく、短時間で集中して、ものごとに取り組むことができるはずです。

本書でも繰り返し「体を鍛えましょう」とお伝えしていますが、全員が最初から「ハイパフォーマンスな体になって、バリバリ仕事をしたい！」ということを目指す必要などないのです。「カッコいい体になって異性にモテたい！」という、俗な欲望から始めてもかまいません。**モチベーションを高めたいときは、まず、自分の欲望を素直に認めることから始めましょう。それがゴールへの近道**なのです。

そうして、いったん自分の欲望、願望を棚卸しし、まずは最初の目標に向かいつつ、改めて最終目標、本書でいうなら「ハイパフォーマンスな体」というものを明確に認識してみましょう。そうすると、「今進んでいる道が意味ある寄り道なのか、あるいはムダな遠回りなのか」という、目標への正しい道筋がはっきりと見えてきます。

もちろん、これは第一歩に過ぎません。どんな目標達成へと向かう道にも、必ず〝ラスボス〟ともいうべき大敵、すなわち「挫折」「三日坊主」が待ちかまえています。これに打ち勝つにはどうしたらよいのか。

そのカギを握る「習慣化」のコツを、これから一緒に身につけていきましょう。

一言サプリ！

**やる気スイッチが入っていれば、寄り道だってちっともマイナスではない！**

# 45 実は「意志」こそが習慣化を阻害していた！

よし、欲望の棚卸しは済んだ。で、あれもこれもやりたいけれど、どれから手をつけていいのかわからない……。

そんなときに有効なのが「ブレインダンプ」と「メンタルバンク」という考えかたです。言ってみれば、**ブレインダンプは「やりたいことを整理するための作業」、メンタルバンクは「やるべきことを価値づけするための作業」**となります。

整理して、価値づけする。まずは、このふたつを理解してください。大きな流れは、以下のとおりです。

**ステージ1** **ブレインダンプで頭の中を整理する**
**ステージ2** **メンタルバンクでやるべきことを価値づけする**
**ステージ3** **あとは行動に移し、ひとつずつ習慣化する**

具体的に説明する前に一言。

何か新しいことを始めようとすると、最初はどうしても意志の力が必要になってきます。一方で「〇〇しなければならない」という意志の力は、ある意味、自分に対するプレッシャーにもなってきます。そうすると「◯◯しなければいけないのに、満足にできていない自分」への嫌悪感が生まれ、結局、やりたかったこと自体を放り出してしまうことにもなりかねません。

多くの方は朝、「トイレに行き」「顔を洗い」「歯を磨く」はずですが、こうした行動は意志によって強制的に行うものでしょうか。違いますよね。何も意識しないまま、当たり前のように自動的に体が動いているのです。**習慣化とは、この「何も意識せず、何も考えていないまま、自動的に体が動いている状態」を指します。**

前にも述べたように、わたしは毎朝、4時半に起床しています。「大変ですね」「偉いですね」などと言われたりもしますが、習慣化＝自動化されているので、大変だという意識はまったくありません。わたしにとっては、洗顔や歯みがきと同じレベルです。

逆にいうと、**習慣化すれば「楽になる」**のです。なぜなら、何も考えなくても、体が自動的に動いてくれるわけですから。そこには「早起きしなければいけない」という意志の力は介在していません。

ちなみに、習慣化のプロセスを伝える際、いつも宇宙ロケットの比喩を用いて説明しています。人工衛星を打ち上げて、周回軌道にのせるためには、多段式ロケットを用います。重要なのはロケットの先端部分（人工衛星）であり、その下にあるいくつものエンジン部分は、時間の経過とともに、どんどん切り離されていくわけです。

重力に逆らい、大気圏を飛び出すには、大きなエネルギーを必要とします。しかし、周回軌道にのせてしまえば、あとは等速円運動を利用して、地球の周囲をぐるぐる回り続けます。

**打ち上げるまで（習慣化するまで）は力が必要ですが、等速円運動に入れば（習慣化されれば）、エネルギーは最小限で済む**のです。

話を戻すと、ブレインダンプはやりたいことを整理するための作業。メンタルバンクはやるべきことを価値づけするための作業。

本項の冒頭で、このようにお伝えしました。実は、このふたつの作業こそ、「ハイパフォーマンスな体づくり」の打ち上げ、そしてその先にある習慣化を達成するにあたり、大きな力となるのです。

一言サプリ！

**実は「やるべきこと」が習慣化されればされるほど、日々の生活はどんどん楽になっていく！**

## 習慣化は段階を踏めば達成できる!

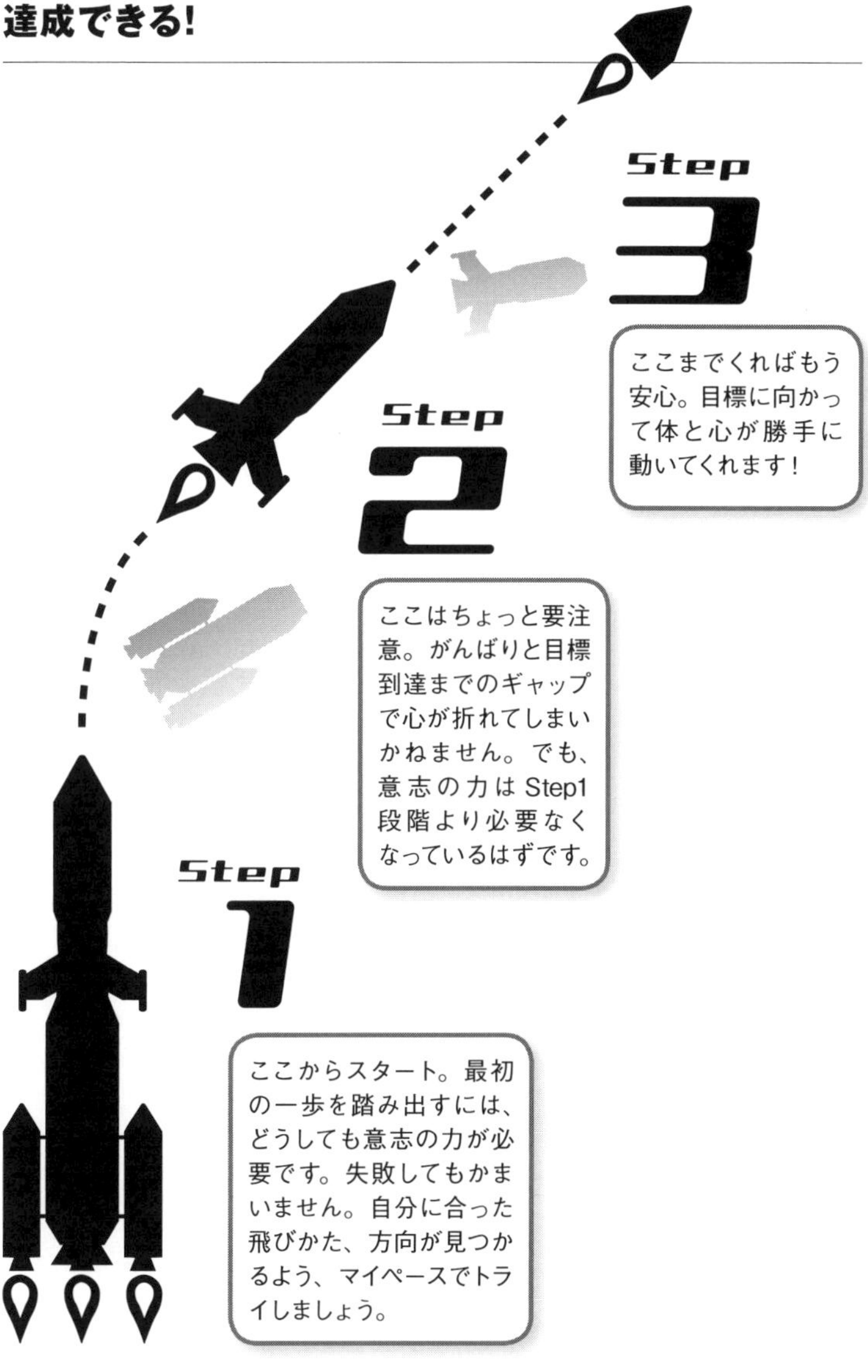

46

# ブレインダンプで頭の中を整理し、やりたいことの「在庫管理」を徹底する

わたしたちは、日々、さまざまな雑事に追われています。ですから、自分のやりたいことや目標を意識するためには、まず頭の中を整理しなければいけません。その整理法が「ブレインダンプ」です。

これは、その名のとおり、脳（ブレイン）の中身を吐き出す（ダンプ）こと。思っていることや考えていることを紙に書き出し、自分自身の思考や意識を整理してから、もう一度頭の中に戻す作業です。

**ブレインダンプを行うと、頭がリフレッシュされ、心の中のモヤモヤが消えていきます。混乱して何もできないという状況や、途中で投げ出してしまう、習慣化の大敵〝三日坊主〟を防ぐことができる**のです。

ブレインダンプでは、頭の中で考えていることを、すべて書き出します。この「すべて書き出す」という作業は、想像以上にしんどいものです。自分の頭の中で考えていることを、具体的に検証したことがある人は、ほとんどいないと思います。なぜなら、そんなことをしなくても、とくに支障を感じることなく、ふだんの生活をこなしていけるからです。

「それはそうですけど、そのことに何か問題があるんですか？」

ええ、あるんです。

とりわけ仕事面において顕著ですが、わたしたちの生活をふりかえると、実は「周囲に決められた納期や期限」にふりまわされていることが多いのに気づかされます。つまり、それらは「自分のやりたいこと」ではない可能性が高いということです。もう少し極端な言いかたをすると、誰かに生活をしばられているようなものです。

この章の項目「44」で触れましたが、**もっとも大切なのは、目標を設定するときは、他人に決めてもらうのではなく「自分で決める」こと。**この機会に自分が本当にやりたいことは何なのか、しっかり考えてみましょう。

大きなポイントは、「やりたいこと」や「やるべきこと」のリストに「優先順位」をつけること。そうすれば、ひとつひとつのタスクを、順番にこなせるようになりますし、その結果、他のタスクを気にすることなく、優先順位の高いタスクだけに集中できるようにもなります。

ブレインダンプの流れは以下の通りです。

## ステージ1 ブレインダンプ

1 「やりたいこと」リストを作成
2 「やりたくないこと」リストを作成
3 「やるべきこと」リストを作成
4 3つのリストを声に出して読む
5 「やりたいこと」「やりたくないこと」「やるべきこと」をそれぞれ追加していく
6 「やるべきこと」リストの実現方法や解決方法を考える
7 「やるべきこと」リストに優先順位をつける

この作業は、休日に一気に行うのがオススメです。それが難しい場合は、休憩時間などを利用して、少しずつステップ1から3までのリストをつくっていきましょう。ただし長引くとダレてくるので、このステージ1は1週間程度で済ませましょう。

一言サプリ！

**自分の脳の中身をチェックすれば、大事にすべき人間関係も見えてくる！**

# ブレインダンプで
# 頭の中の「在庫管理」をしよう!

**頭の中は
常に雑多な出来事に
追われている!**

### やるべきこと

- 次の会議のための資料づくり
- 入れ忘れていた家賃の入金
- ペットのえさを買う
- 借りっぱなしだったDVDを返す

### やりたくないこと

- 次の会議のための資料づくり
- 上司との飲み会の場所探し
- 元カノの友だち（アポ後に知った）との合コン
- 取引先を招いての接待バーベキュー

### やりたいこと

- ヨガ教室に通うこと
- 旅行の日程を決めるための休みの算段
- デスク周りの整理整頓
- しばらく会っていなかった友人との食事

**頭の中の整理がつくと、
やるべきこと、
やらなくてもいいことの
順番がスッキリとわかる!**

# 47

# 「やりたいこと」「なりたい自分」を書けるだけ書き出す

ブレインダンプをステップごとに見ていきましょう。

ステップ1では**「やりたいこと」のリストを作成**します。ここでは自分の頭の中にある「欲しいもの」や「得たいもの」をすべて書き出します。高尚なものでもいいですし、くだらないことでもかまいません。「手に入れたいもの」や「こうなったらいいなと思うこと」を吐き出してください。なお、やはりこの項目がいちばん大事なので、P164でさらに詳しく解説しました。そちらもぜひご覧ください。

ステップ2では、逆に**「やりたくないこと」のリストを作成**します。ここでは自分の頭の中にある「避けたいこと」や「好ましくないもの」をすべて書き出します。生活のなかでの不満や不安、解決したいことを吐き出してください。

続いて、ステップ3に移りましょう。「やりたいこと」と「やりたくないこと」、このふたつのリストを書き終えたあとは、**「やるべきこと」のリストを作成**します。これは、いわゆる「To Doリスト」なので、ビジネスパーソンなら日常的に行っている作業だと思います。

ただし、仕事上の「To Do」だけでなく、朝起きてから夜寝るまで、1日の生活すべてにわたって書き出してください。定時に起床する、洗顔する、歯を磨く、朝食を食べる、こどもを保育所に連れていく……等々、こと細かに記してみましょう。

ステップ４では、作成した３つのリストを、ひとつひとつ「声に出して読む」ことをオススメします。というのも、**黙読とは異なり、声帯を使って発声すると（つまり筋肉や神経に刺激を与えると）、脳がきちんと認識してくれる**からです。これら一連のステップは、自分の考えを客観化し、それらを認識するためのものとなります。

ステップ５は**「やりたいこと」「やりたくないこと」「やるべきこと」のリストに、思いついたことを追加していく**作業です。

声に出して読んでいくと、脳が刺激を受け、「あっ、そういえばこれもあるし、あれもあるぞ……」といった具合に、書き漏らした項目がいくつも浮かんでくるはずです。

さて、脳の中身を全部出し切ったらいったん休憩です。ここで書き出したものを見直してみましょう。すると自分でも気づかなかった思わぬ自分が発見できるはず。この知らない自分に会えるというのが、ブレインダンプの醍醐味なのです。

一言サプリ！

**わたしは今でも節目節目で自分のやりたいことをアップデートしています！**

Section 1

## 目標設定Ⅰ 自分の現在の状況を把握する

[ステップ ①]

**ブレインダンプ**（表面的な欲望）

【解決したい問題】【叶えたい夢】を書き出します

↓

[ステップ ②]

**カテゴリー別ブレインダンプ**

カテゴリー：健康 / 食事 / 服装 / 住まい / 家族 / 恋人 / 友人 / 周囲の評価 / 社会貢献 / 人生経験 etc.

↓

[ステップ ③]

**・どんな感情を求めているか**

**・人生のミッションを考えます**

↓

## 目標設定Ⅱ 本当の夢を見極める

**【解決したい問題】**

優先順位（解決させたい順番）を付ける＝Top10

Top10の項目は、どうしても解決する必要があるか考えます

どうしても解決したいことにフォーカス（集中）します

※ここでもっとも重要なことは、どうしても解決したいこと以外は無視すること

Top10 の検証が完了したら抽出したものに、実現させやすい順番をつけましょう

**【叶えたい夢】**

優先順位（叶えたい順番）をつけます：各カテゴリーで1つずつ＝Top10

Top10の項目は、本当に心の底から叶えたい夢なのか考えます

どうしても叶えたい夢にフォーカス（集中）します

※ここでもっとも重要なことは、どうしても叶えたい夢以外は無視すること

Top10 の検証が完了したら抽出したものに、実現させやすい順番をつけましょう

**【もっとも重要なリストを作成】**

【解決したい問題】と【叶えたい夢】のリストが完成したら、それぞれ３つ以内に絞り込みます

※少なければ少ないほど良い

Section 2

## 実行計画Ⅰ 超細分化法で行動をベイビーステップに

**自分の問題の解決方法や、夢を叶える方法を調査します**

※自分の価値観は抜きにして、すでに解決した人や実際に叶えた人の行動を調査してみます

**例．プロの料理人が作ったレシピの通りに調理すれば美味しい料理が完成する**

※自分の価値観で勝手にアレンジを加えると、失敗する可能性が高まってしまいます

**調査した【必要な行動】を具体的にステップ化します**

➡**超細分化法**（ベイビーステップ、P166参照）

## 実行計画Ⅱ 具体的な実行計画を立てる

①自分の今の生活パターンを書き出してみます
➡自分の行動で今後やめることを決めましょう
（新しい習慣の時間確保のため）

②絶対に守るべき状態を考えてみます
（例／月20万円の給料・毎日5時間の睡眠・1日3回の食事）
※これ以外の生活習慣はやめてもOKと考えます

③行動に具体的な【期限】を決めます

④期限を決めた行動計画をスケジュールに入れていきます

⑤習慣化が必要なことは、メンタルバンクのリストに追加します

**ポイント**

これらをすべて行うのは、想像以上に時間がかかります。いわばむき出しの自分と向き合うことになるわけですから、きちんとこの作業のための時間を確保したうえで、ひとつひとつの工程を丁寧に振り返ることが大切です。

# 48 「超細分化法」を使えば目標までのプロセスがより明確になる！

「やるべきこと」リストを作成したら、次はそのゴールまでの道筋を探る作業です。ステップ6では、「やるべきこと」リストであげた項目ひとつひとつに対し、実現方法や解決方法を考えます。このときのポイントは、**できるだけ細分化すること。それによって、目標までのプロセスが明確になります。**また、**明確化＝客観化されることで、おのずと「自分が本当に望んでいるもの」も見えてくる**でしょう。

たとえば「何でも好きなものが買える高給な職業に就きたい」という願望を実現するにはどうしたらよいでしょう。

**何でも好きなものが買える高給取りになりたい**（※ひとつひとつの行動に期限を付けて自分に行動を促す）

↓自分がどれくらいのお金が欲しいのかを考える　6月25日まで

↓世の中に自分が理想とする生活をしている人物がいないか調べる　6月27日まで

↓自分の理想の生活を送る人物についてリサーチ（書籍&インターネット）する　6月30日まで

↓その人物がどんな方法でその生活を手に入れたかを調べる　7月3日まで

↓その方法が自分にとって現実可能かリサーチする　7月6日まで

↓その人物と同じように行動する

あるいは「スポーツ競技の試合で勝てない」という悩みを解消するには

**スポーツ競技の試合で勝てない**（※ひとつひとつの行動に期限を付けて自分に行動を促す）

**➡そのスポーツの一流の選手やそのコーチ（先生）を探す　4月10日まで**

**➡その人物をリサーチ（書籍&インターネット）する　4月11日まで**

**➡その人物がどんな方法でその結果を手に入れたかを調べる　4月14日まで**

**➡その方法を自分で実践する　4月20日まで**

**➡コーチ（先生）に教わる　4月25日まで**

**➡考え方や練習方法、トレーニング方法をチームで共有する　5月5日まで**

**➡練習を繰り返し、メンタル面とスキル面に磨きをかける**

といった形で、実現や解決に向けてのロードマップを細かく作成していきます。

無論、本書の主旨である「ハイパフォーマンスな体づくり」＝「できるビジネスパーソンになる」ための道筋も、ここまで説明してきたトレーニング術や食事法を自分なりに細分化してみてください。自分の生活に合った体づくりのロードマップが、より具体的な形で浮かび上がってくるはずです。

最後に、ステップ7として、「やるべきこと」の項目に優先順位をつけていきます。おそらく超細分化法を行っている段階で、やるべきことの順位は、おのずと決まっていくことでしょう。

ここにはみなさんそれぞれの理想の未来図が描かれています。いわば**「人生の詳細な計画書」**です。わたしたち人間は、しっかりと覚えているようで、実は簡単に忘れてしまう生物ですから、脳の中にくっきり刻みこんでおくことが大事です。

また、人間の脳はなるべく嫌なことを考えないよう機能します。そうした機能を働かせないためにも、「やりたい」「やりたくない」「やるべき」3つのリストを何度も読み返してください。**目標を強くイメージし、そこに到達するまでの道筋を整理して進めば、当初は難題にしか思えなかったものも、必ず達成することができます。**


一言サプリ！

**自分のやるべきことを整理し**
**見事、目標を達成した教え子はいっぱいいる！**

# マインドマップを活用してみよう!

超細分化を行う際にマインドマップを活用するのもひとつの手。ノートなどに手書きしてもいいし、パソコン用ソフトも無料から有料までいろいろ出ています。自分に合ったやりかたで書き出してみましょう。

## 達成したいゴールへの道筋を調べる

**給料以外に年収 100 万円増やしたい**

働きながら収入を増やす方法を調べる

支出に無駄がないか見直す
兼業作家の道を探る
投資をする

コンビニでお菓子を買うのをやめる……
昼は外食ではなく弁当を持参する……
冷房のつけっぱなしに気をつける……

得意のマンガを雑誌に投稿する……
新人賞に応募する……
自分のビジネススキルをまとめてみる……

好きな会社の株を買ってみる……
手持ちの円をドルに換えてみる……
ゴールドを買ってみる……

## ネガティブな目標への迂回ルートも調べる

**病気になりたくない**

病気にならない生活習慣を調べる

食生活に気をつかう
適度な運動を生活にとりいれる
ストレスをためない

野菜中心の食生活にする……
揚げ物は控えめにする……
夕飯を早めに食べる……

出勤前にトレーニングする……
通勤中にドローインをする……
土日のどちらかは必ず体を動かす……

嫌なことは翌日に持ち込まない……
家に閉じこもらない……
ひとりで背負い込まない……

# 49
# 習慣化の超基本「メンタルバンク」の活用法

ここからは、項目「45」で紹介したステージ2「メンタルバンクでやるべきことを価値づけする」に進みます。

**メンタルバンクとは、文字通り「心の中の銀行」のこと。この銀行に口座をつくり、自分の「行動」ひとつひとつに「活動対価」を設定し、毎回の行動＝対価に応じて、そのつど貯金をしていくというメソッドです。**

メンタルバンクの流れは以下の通りです。

**ステージ2 メンタルバンク**

1 **「習慣化したいこと」リストを作成**
2 **「やめたいこと」リストを作成**
3 **「活動対価表」の作成**
4 **「メンタルバンク通帳」の作成**
5 **1日ごとに「収支」を確認**
6 **1週間ごとに「収支」を確認**

ステップ1では、たとえば「スクワットを30回やったら3万円」「水を500ミリリットル飲んだら1万円」といった具合に価値づけをしていきます。

そうすると、人間というのはまさに現金なもので、たとえ、それがヴァーチャルな収入であったとしても、

「そうか、3万円手に入るのなら、スクワットしてもいいな」「1万円もらえるのなら、ペットボトルの水を全部飲んじゃおう」

などと思ってしまうのです。ここでは、**「その金額をもらえたら、行動してもいいかな」と思える設定にすることがポイント**になってきます。

ステップ2でも同じように、「ビールを1杯飲んだら5万円」「タバコを1本吸ったら3万円」「ピザを1切れ食べたら1万円」という調子で価値づけをします。たとえばビールを飲んでしまったら5万円の支出に、タバコを吸ってしまったら3万円の支出になります。こちらも「この金額をもらえれば、やらずに我慢できるかな」と思える設定にしましょう。

ステップ3で作成する活動対価表の目安としては、ひとつの行動について、1万円単位で価値づけをしていくとわかりやすくなると思います。188ページにサンプルを掲

載しておきましたので、そちらを参考にしてください。

ステップ4では、活動に対する収支を視覚化できるよう、「メンタルバンク通帳」をつくります。こちらも189ページにサンプルを掲載します。

メンタルバンク通帳については、いつも持ち歩くことが理想ですが、そんなことはなかなかできませんよね。ですから、たとえば手書きの場合は使いやすいノートや手帳を、パソコンでデータ管理をしたい場合はExcelなどを使用し、銀行の通帳をイメージして作成しましょう。

ステップ5では、1日ごとの収支を確認します。たとえば、その日の朝、「スクワット30回」と「水を500ミリリットル飲む」ことができたなら、合計4万円の収入になりますが、仕事帰りに「ビールを飲んでしまった」場合、5万円の支出となり、差し引き1万円の赤字になるわけです。

そして最後のステップ6では、そうした行動の1週間の積み重ねを確認します。これによって、ものすごく儲かった日もあれば、そうでない日もあること、あるいは、今週は収支プラスだが、先週は大幅な赤字だったことなどがわかります。それをもとに「ハイパフォーマンスな体づくり」をするために次の週はどう過ごせばよいのか、より具体的な形で見えてくることでしょう。

なお、収支をまとめるのは、寝る前がベスト。その日、その週の行動をふりかえりながら、ひとつずつ記入していきましょう。

とにかく、この通帳は非常に重要です。最近では銀行もオンライン化が進んだうえ、ネットショッピングなどでカード決済の機会がますます増えたため、自分の口座のお金の出し入れすらなかなか把握できません。

その点、この通帳はつねに使うことになりますから、収支を通じて自分のメンタル面の浮き沈み、あるいは生活感（たとえば、忙しくてファストフードが多く赤字だったこと）といったことが手に取るように把握できるわけです。

もちろん、**収支のバランスを見て、その日の活動を評価することも忘れずに。**ビールを我慢できた日は「偉いぞ、俺！」とストレートに自分を誉めてあげましょう。

一言サプリ！

**活動対価は、まずは「簡単な行動」から。ハードルを低くすると、どんどんお金が貯まる！**

50

# 三日坊主にならないための「ご褒美」で、習慣化をエンジョイする

メンタルバンクは遊び感覚で楽しむのがいちばんです。実際、指導している生徒たちには、トレーニングに取りかかる前に、このメンタルバンクの考えかたを理解してもらい、簡単なものから実践してもらっています。

その結果、どの年代にも共通するのが、「ゲームでレベルアップしていく感じにすごく似ている」という感想です。ポイントを貯めていく感覚が、ゲーム世代には響くのかもしれません。また、**「良いこと」をすればお金が貯まる仕組みになっているので、罪悪感なしに楽しめるところも、習慣化する力が高まる理由のひとつ**だと感じています。

これだけでも十分といえば十分なのですが、さらに習慣化が楽しくなる効果的な方法をお教えしましょう。

それは**「ご褒美」**の設定です。

メンタルバンクで貯金をする際、あらかじめ目標額を決めておいて、その額面に達したら、「よくがんばったね！」と自分を褒めるつもりで、ご褒美を与えるのです。たとえば、目標額を1000万円に設定し、その額に到達したら、「食べ放題の外食に出かける」とか「彼女と映画を見る」とか、そういう形に落としこむわけです。

メンタルバンクは、一種のゲームですし、貯金も「ヴァーチャル」なものでしかあり

ません。

しかし、それを「リアル」な世界と紐づけると、モチベーションは一気に高まります。**自分にとって幸せだと感じられることを、ご褒美というかたちで現実世界に組み込むことで、メンタルな遊びがフィジカルな実感へと「換金」される**のです。

わたしはこれを**「三日坊主不可能の法則」**と呼んでいます。

もちろん最初のうちは、なかなか思うように貯金できないかもしれませんから、目標額は100万円でもいいのです。

たとえば「100万円貯まったら、彼女とデートする」という目標を掲げる生徒もいましたが、逆にいうと、100万円貯まらなかったら、デートの約束をキャンセルしなければなりません。となると、フラれるのは目に見えていますよね。

ですから、そうならないよう、必死で貯金をする（＝習慣化したい行動をする）ようになるのです。

一言サプリ！

**ビール、タバコなど、やめたいことを続けていくと、結果的に、現実世界でもお金が貯まる！**

# 51
# なぜリバウンドを繰り返すのか？ どうしてトレーニングが続かないのか？

自分で自分に「ご褒美をあげる」ことには、とても大きな意味が隠されています。というのも、人間はご褒美がないと「続けることができない」からです。

〝アメとムチ〟という言いかたがありますが、人間はけっこう単純な生物です。やるべきことができたら、ご褒美をもらい、やめたいことが我慢できたら、同じようにご褒美をもらう……。この繰り返しで、意外とたやすく習慣化が実現できるのです。**当初は意志の力が必要ですが、メンタルバンクの仕組みを使えば、そのうち意志とは無関係に、脳や体が勝手に反応する**ようになっていきます。

ご褒美があると、なぜ習慣化はたやすくできるのでしょうか。それは人間が「快楽」を求めて行動する習性があるからです。つまり、快楽＝ご褒美があると、それを目標に行動できるということ。この快楽を、いかに計画的かつ効率的にコントロールするか。習慣化の成否はそこにかかっているといっても過言ではありません。

「なぜ、ハイパフォーマンスな体づくりを目指しているのに、食事をコントロールできないのか」「なぜ、ダイエット中にドーナツを食べるのか」「なぜ、運動を続けられないのか」「なぜ、運動せずに、家でゴロゴロしているのか」「なぜ、リバウンドを繰り返すのか」

これらの理由は、すべて「快楽＝ご褒美＝（短期的な）目標」がないから。あるいは見失ってしまったから。前項で紹介した「彼女とデートに行く」、あるいは項目「37」で紹介した「チートデイ」といった、ご褒美を習慣化に組み入れているか否かが、最終目標達成に大きな影響を与えることが理解できるでしょう。

もちろん「ハイパフォーマンスな体づくり」を目指しているにもかかわらず、ついついドーナツを食べてしまうのは、当然、それが魅力的だからです。ドーナツの香りや口の中に広がる味わいは、まさしく〝甘い誘惑〟そのもの。だからひどい場合は、我慢をしてきた反動で、ドカ食いしてしまうこともあるのです。

この誘惑に流されてしまう性質を、どうコントロールすればよいのでしょうか。その答えがメンタルバンクによる「価値づけ」であり、ときどき与えられる「ご褒美」なのです。いますぐ結果は得られないけれども、ご褒美があることで、継続へのきっかけが生まれます。メンタルバンクによって、定期的な運動や食生活の管理が徐々に習慣化されていけば、それだけで大勝利といえるでしょう。

一言サプリ！

**価値づけがないとリバウンドする可能性も。メンタルバンクを使い、「金額」という形で可視化しよう！**

## 52

# 多忙なビジネスパーソンが、しっかりと「自分の時間」をつくり出すワザ

昨今は誰もが「忙しくて時間がない」と口にします。しかし、それは本当でしょうか。なぜ時間がないのか、その原因を検証したことはありますか？　いまどきの学生は、むかしと異なり、ほとんどテレビを見なくなりました。その分の時間を勉強や運動に充てているのであれば、教員としてはうれしいかぎりですが、残念ながら、そんなことはありません。

では、彼らは何をしているのか。みなさんの想像通り、ケータイやスマホをいじっている時間が、とにかく長いのです。もちろん学内では使用禁止ですが、以前、学外でどれくらい使っているのかを報告させたところ、１日あたりの平均が４時間という驚くべき数字が上がってきました。

これを仮に１年間続けたとしたら、合計１４６０時間。日数に換算すれば、丸々２カ月、ぶっ続けでケータイやスマホをいじっている計算になります。

使う理由はさまざまでしょうが、それにしても１日４時間という数字は、誰もが直感的に長すぎると感じるレベルでしょう。実際、生徒たち自身、「丸々２カ月」という概算には驚いていました。

この無駄ともいえる時間を短縮するために活用したのがメンタルバンクです。**活動対**

**価表で「ケータイやスマホをいじると1万円の支出になる」と設定しました。すると先述の「ご褒美」との兼ね合いもあり、効果は抜群。無自覚にダラダラとさわっている時間は激減した**のです。

この事例は、そのままビジネスパーソンにも当てはまるのではないでしょうか。「忙しくて時間がない」と思っている方は、同じように、**自分の生活のなかに本当に「無駄な時間」がないのか、いまいちど検証していただきたいと思います。**

たとえば、10分間の休憩をとる場合、その時間を有効につかっているのかどうか。**喫煙所でタバコを吸うのと、アクティブレストに費やすのとでは、同じ10分間でも、価値がだいぶ異なる**のは、おわかりかと思います。

また、いまはスマホやパソコンで、手軽に情報を得ることができるようになりましたが、自分に必要のない情報までチェックしている可能性はないか。いちどネットニュースやSNSに割いている時間をきちんと意識してみる必要があります。いっそのこと、わたしが生徒たちに課したように、活動対価表で「ケータイやスマホをいじると1万円の支出になる」と設定したほうが、手間が省けていいかもしれません。

「忙しくて時間がない」のは、誰もが一緒。忙しいなか、なんとかして「時間をつくる」

という意識を持つことが大事です。そのために有効なツールがメンタルバンクだということを理解していただければと思います。

ちなみに「メンタルバンク自体が習慣化できないのですが……」という悩みを相談されることもあります。

たしかに**「習慣化のためのツール使いを習慣化する」というのは、最初は難しい**かもしれません。

そういう方にはわたしは次のように答えています。

「メンタルバンクが難しい場合は、毎日、収支を書き出さなくてもかまいません。ただし、自分の行動を『価値づけ』することだけは、しっかりやっておいてください」と。

こうすると、脳に「習慣化したいこと」と「やめたいこと」が確実に刻み込まれますから。その結果、行動するたびに、「これは価値ある行動なのか。あるいは大した価値しかない行動なのか」という〝自問自答〟が習慣化されるわけです。

一言サプリ！

**時間をお金という側面から管理してみると「時は金なり」という格言の重さがしみてきます……。**

## メンタルバンクで無駄な時間を減らす

無自覚に費やしていた無駄な時間を「お金」で管理することで意識し、減らしていくことができます。

### 1. 無駄な時間を書き出す

- SNS に費やしている時間 ＝ 1 時間
- ネットでニュースを見ている時間 ＝ 2 時間
- スマホでゲームをしている時間 ＝ 30 分
- テレビを見ている時間 ＝ 1 時間

### 2. 活動対価表に落としこむ

| | |
|---|---|
| ● SNS に費やしている時間：1 時間 | 1 万円 × 1 時間 ＝ 1 万円 |
| ● ネットでニュースを見ている時間：1 時間 | 1 万円 × 2 時間 ＝ 2 万円 |
| ● スマホでゲームをしている時間：10 分 | 1 万円 × 30 分 ＝ 3 万円 |
| ● テレビを見ている時間：1 時間 | 1 万円 × 1 時間 ＝ 1 万円 |

**トータル 7 万円！**

### 3. メンタルバンクに組み込む

**お金と一緒で無駄が仕分けできると、**
**時間の有意義な使い方も見えてくる！**

53

# ルーティンを決めると時間の無駄がどんどんなくなる!

生徒たちの場合は、ある程度、時間に余裕がありますから、メンタルバンクの概念も、1カ月ほどかけて、じっくり理解させるようにしています。実際の習慣化に関しても、1週間単位で身につけてもらうという、比較的、ゆるやかなペースでスタートします。一例をあげると、

**1週目　朝起きたら500ミリリットルの水を飲む**
**2週目　水を炭酸水に変える**
**3週目　炭酸水にレモンを絞って飲む**
**4週目　朝起きたら500ミリリットルの炭酸水にレモンを絞って飲む**

といった感じで、まだ慣れないうちは簡単な目標を4回組み合わせて、最終的に「ひとつの習慣」を身につける仕組みにしています。10カ月を過ぎると、こうした「ひとつの習慣」が少なくとも10回分、つまり「10の習慣」が身につく計算です。

わたしが顧問を務めるパワートレーニング部の場合、おもしろいのは、途中から習慣化という意識すら、どうでもよくなってくるところです。なぜなら、筋トレと食生活で、

体が変化していくことに生徒たちは魅力を感じ、そのための努力を惜しまなくなるからです。結果、習慣化したいこと＝体にいいことばかり率先して行うようになります。

**「習慣化したいこと」が、実際に習慣化されてしまうと、そのあとは楽。というのも、習慣化されたことによって、それは単なる「ルーティン」となり、いちいち意識せずにやりとげることができる**からです。わたし自身の例でいえば、洗顔や歯みがきのようなレベルで、朝起きたら、何も考えずにスクワットやプッシュアップといった運動ができるのも、ルーティンのおかげです。何か行動に移す前に、ふんぎりがつかなかったり、いちいち「あれをやらなきゃ、これもやらなきゃ」などと思うこともありません。

この**「思い悩むことなく、体まかせの状態になってしまう」ことこそ、ルーティンの最大の効能**です。言い換えれば、余計な時間とエネルギーを割く必要がありません。こうした小さな「省エネ」が積もり積もって、結果として、燃費のよい心身、すなわち「ハイパフォーマンスな体」が形づくられることになるのです。

一言サプリ！

**習慣化したいことが、すべて習慣化されても、どんどん新たな目標＝習慣化したいことが生まれてくる！**

54

# 目標達成のイメージを視覚化すると一体、何が起こるのか？

参考までに、パワートレーニング部でのエピソードをお話ししておきましょう。

わたし自身もそうでしたが、生徒たちに「なりたい体」「理想の体」をつねに意識させるため、トレーニングルームに、それぞれ目標とするものを掲げさせています。多くはブラッド・ピットなど、自分が理想とする有名人の写真を貼っていますが、生徒によっては「ゴリラのようなマッチョになりたい！」と文字で書いている子もいます。このように、**頭の中にあるイメージを外部化して、目に見える形にすることが大事です。**

本書は、ビジネスパーソン向けですから、それほどつらいトレーニングメニューは載せていません。他方、パワートレーニング部はいってみれば「バッキバキの体になること」が目標ですから、日々のトレーニングも、それなりにキツくなっていきます。

たとえばダンベルやバーベルを10回上げないといけないのに、9回で心が折れそうになってしまう場面など多々あります。そういうとき、**目につくところに「理想のイメージ」があると、不思議なことに、人間はがんばれてしまう**ものなのです。

誰に言われたわけでもないのに、まさに気合が入る。自分で自分のスイッチを入れてしまう。わたし自身の体験からいっても、生徒たちの行動を見ていても、そういうことが当たり前のように起こってしまうわけです。**視覚的イメージ（それが文字であっても**

**同じですが）によって、脳が刺激を受け、筋肉と連動している**のです。

ブラッド・ピットは大人気で、生徒たちに限らず、ああいう細マッチョな体になりたいとおっしゃる方はたくさんいらっしゃいます。しかし、1年くらい真剣にトレーニングをすれば、実は誰でも手に入れることができるのも事実。**ブラピ程度であれば（！）それほどハードルは高くない**のです。

じゃあ、ブラッド・ピットのような肉体が手に入ったら、それでおしまいなのかというと、おもしろいことに、みなさん、その先の目標を目指すようになるんですね。それは「さらにマッチョになりたい」ということではなく、仕事上の目標だったり、プライベートの楽しみかただったり、人によって内容は異なりますが、いずれにしても、もっと変化したいというモードに移行していきます。

この**「自ら変化したいというモードに移行する」ことが、実はコンディショニング最大の楽しさ**なのです。

一言サプリ！

**筋肉を鍛えることで、意識も変わり、意識の変化は、人生そのものを変えていく！**

55

## 折れない心と体を手に入れ、人生という海をわたっていく

体を鍛えると、単純に見た目が変化しますし、その変化は「理想の体」へと向かっているわけですから、ごく自然に「自信がつく」ようになります。実はトレーニングが自分自身に与える影響は、想像以上に大きいのです。

第1章で、適切な形で筋肉をつけると、姿勢がよくなるという話をしました。姿勢がよくなると、いわゆる押し出しがよくなりますし、胸を張るだけで堂々として見えます。いうまでもなく、ビジネスパーソンにとって「堂々とした態度」は、とても大切な要素です。社内や取引先で新しい企画を提案している方を思い浮かべてください。

どんなに素敵な内容であっても、自信がなさそうな態度で提案されたら、あまり心に響かないですよね。ささいなことに思えるかもしれませんが、**正しい姿勢や堂々とした態度は、ビジネスパーソンにとって強い武器**でもあるのです。

外面の変化だけでなく、内面の変化についても触れておきましょう。**トレーニングを実践し、理想の体を追求することは、セルフイメージを高めることにつながります。**単純に「筋トレで鍛えている俺ってカッコいい!」と思ってほしいのです。そうした**自己肯定の感覚は、精神的な自信を生み出します。**

読者のみなさんのライフスタイルは、ひとりひとり異なります。無論、わたしがやっ

ているようには、実行できないということもわかっています。だからこそ、どの時間帯でトレーニングを行うのか。どんなタイミングで休養するのか。どういう内容の食事をとるのか。どのような心持ちを保つべきなのか。これらの要素を、それぞれのライフスタイルに応じて調整し、できる範囲で実行することから始めてください。

何度も述べてきましたが、「ハイパフォーマンス」とは「仕事ができる」という意味に留まりません。「いつまでも健康で仲間や家族との暮らしを楽しめる」状態であり、それこそが人生の究極の目標だと思います。

とにかく自分で考え、自分にあったやりかたを探し、自分の生活になじむよう実践してほしい、ただそれだけです。ひとりひとりが、自分という名の船の船長になり、人生という海で出会うであろう予測不可能な出来事に立ち向かえるように――。

体が変われば、心も変わります。

庄司流コンディショニングの世界を、ぜひとも楽しんでください。

一言サプリ！

**私もみなさんと一緒になって、心と体を磨き続けます！**

## メンタルバンクはこう使いこなそう!

メンタルバンクを始める際に、みなさん悩まれるのが、行動をいくらに値づけするかということ。これは究極的には個人の感覚としか言いようがないのですが、おおまかな参考例を紹介してみました。ぜひ参考にしてください。

### 活動対価カテゴリー表

| カテゴリー | 対価活動 | 報酬 |
|---|---|---|
| 食事 | 正しい食事1回ごと | 10,000 |
| 水 | 500mlごと | 10,000 |
| 筋トレ | ひとつのパート(例:スクワット) | 10,000 |
| すきまトレ | 10分 | 10,000 |
| ウォーキング | 10分 | 10,000 |
| 瞑想 | 1回 | 20,000 |
| 深呼吸 | 10回ごと | 10,000 |
| ブログ | 1記事ごと | 20,000 |
| 英語 | 10分 | 50,000 |
| 温冷浴 | 1回 | 20,000 |
| ビール | 1缶 | **-50,000** |
| メタボフード | 1皿 | **-80,000** |

単位:円

**ポイント**

活動の対価は、環境や立場、状況によって変わってくることもあるでしょう。ですから折を見て見直してみることをオススメします。

## メンタルバンク貯金通帳　【MENTAL BANK-BOOK】

| 今日の体重：70kg | | | メンタルバンク目標金額：1億円 | | |
|---|---|---|---|---|---|
| 日付 | 対価活動 | 単価 | 実数 | メンタルバンク貯金 | メンタルバンク残高 |
| | | | | | 50,600,000 |
| 7/5 | 寝起きの水500ml | 10,000 | 1 | 10,000 | 50,610,000 |
| 7/5 | ウォーキング20分 | 10,000 | 2 | 20,000 | 50,630,000 |
| 7/5 | 1日5食 | 10,000 | 5 | 50,000 | 50,680,000 |
| 7/5 | 昼食に野菜スープ | 20,000 | 1 | 20,000 | 50,700,000 |
| 7/5 | 筋トレ:スクワット100回 | 20,000 | 1 | 20,000 | 50,720,000 |
| 7/5 | 深呼吸30回 | 10,000 | 3 | 30,000 | 50,750,000 |
| 7/5 | ビール2缶 | 50,000 | 2 | -100,000 | 50,650,000 |
| 7/5 | ピザ半切れ | 80,000 | 0.5 | -40,000 | 50,610,000 |
| | | | | | 50,610,000 |
| 7/6 | 寝起きの水500ml | 10,000 | 1 | 10,000 | 50,620,000 |
| 7/6 | ウォーキング30分 | 10,000 | 3 | 30,000 | 50,650,000 |
| 7/6 | 筋トレ:スクワット100回 | 20,000 | 1 | 20,000 | 50,670,000 |
| 7/6 | 筋トレ:プッシュアップ30回 | 20,000 | 1 | 20,000 | 50,690,000 |
| 7/6 | 1日6食 | 10,000 | 6 | 60,000 | 50,750,000 |
| 7/6 | ブロッコリー・鶏肉弁当持参 | 10,000 | 1 | 10,000 | 50,760,000 |
| 7/6 | すきまトレ:ドローイン30分 | 10,000 | 3 | 30,000 | 50,790,000 |
| 7/6 | ビール1缶 | 50,000 | 1 | -50,000 | 50,740,000 |
| 7/6 | 温冷浴 | 20,000 | 1 | 20,000 | 50,760,000 |
| 7/6 | 瞑想 | 20,000 | 1 | 20,000 | 50,780,000 |

単位：円

# 庄司版ブレインダンプ一例

どうしても説明だけではわからないという方もいらっしゃるかもしれませんので、わたしが実際に立てた問題も交えて、まずはこんなところから、という参考例を挙げてみました。ぜひ、ご自身でも考えてみてください。

## ブレインダンプの【例】 所要時間180分

### 解決したい問題

【健　康】 目じりにしわが増えてきた / おやじ臭が気になる / 白髪が増えてきた / アレルギー体質 / 肌荒れしやすい / 肩幅が狭い / 鼻が詰まっている / 頭が悪い / 物忘れが激しい / 耳が聞こえづらい / 口がクサい / 落ち込みやすい

【食　事】 インスタントコーヒーばかり / 食品添加物が多い / 甘いものが我慢できない / 料理がうまくできない / レパートリーが少ない / 安い食品が多い

【服　装】 洋服のセンスがない / 服のサイズが合ってない / 靴下とパンツがヨレヨレ / 服のデザインが古くてダサい / 靴がクサい

【住まい】 ガレージが狭い / 近所におかしなやつがいる / 自宅の駐車場に犬の糞が毎日ある / ウッドデッキの塗装が剥げている / フローリングが日に焼けている / ゴキブリが出た / 家が駅から遠い / 家のローンが老後まで残っている / 部屋数が少ない

【家　族】 親の健康状態 / 家族との時間がない / 家族との会話がない / 家族の健康状態が悪い / 子どもが怒りやすい / 子どもが言うことを聞かない

【恋　人】 恋人が相手にしてくれない

【友　人】 親友と呼べる友達が少ない / 友人がお金にルーズ / 出世している友人にコンプレックスを感じる / 自分と友人を比べて落ち込む

【評　価】 俺の価値を理解してもらえない / 真剣にやっていることを馬鹿にされる / 一生懸命頑張っても周囲に認めてもらえない

【社会貢献】 病気を治してあげたいけど方法がわからない / 困っている人を助けたいがどうすればよいのかわからない

【人生経験】 毎日同じ生活の繰り返しでつまらない / 世界遺産めぐりをしたいけど時間もお金もない / もっと影響力のある仕事をしたいが今の仕事をやめる度胸がない

## 叶えたい夢

【健　康】 朝の目覚めが毎日爽やか / 日中まったく眠気を感じない /24Kg ケトルベルスナッチを片手ずつで連続 50 回できる / 腹筋が常にバキバキ / 常にフロー状態になれる / 何を言われて平常心を保てる

【食　事】 毎日オーガニック食材のみの食事 / 毎日自分で絞った野菜ジュースを飲む / 毎日自分で絞ったフルーツジュースを飲む / 世界中の料理を食べる / 本当においしい肉を食べる / 週に１度は最高級赤ワインを最高級チーズとともに味わう / おいしい馬刺しをお腹いっぱい食べる

【服　装】 人気ブランドを着こなす / スーツが似合う男になる / ジーンズをカッコよくはきこなす / スタイリストにコーディネイトしてもらう / 着心地の良い服を着る / オーガニック素材のパジャマで寝る /

【住まい】 車３台が余裕で入るガレージ /100 平米以上の家 / リビングが広い / 庭が広い / 家庭菜園で美味しい野菜を育てる / 広いお風呂 / 沖縄に別荘を持つ / 書斎のデスクが広い

【家　族】 家族全員がいつも笑顔 / 家族全員が健康 / 一緒にいる時間が多い / 家族みんなで食事をする / 真剣に人生を語り合える / 子どもがのびのびと育つ

【恋　人】 恋人が優しい / 恋人が美しい / 心が通じ合える / 自分のために尽くしてくれる / 自分のことを信じてくれる / 共感してくれる

【友　人】 心から信頼できる / 良い意味でライバルになれる / 尊敬しあえる / 本心を語り合える / 協力してくれる / 相談にのってくれる

【評　価】 自分の価値を理解してくれる / 新しいプロジェクトに抜擢される / 周囲に仕事ぶりを評価される / 周囲から頼られる

【社会貢献】 病気で困っている人を助ける / 食べ物がなくて困っている人を助ける / 発展途上国の子どもたちに教育を提供する / 悩んでいる人を助ける

【人生経験】 世界一周旅行に行く / 宇宙旅行に行く / 格闘技をする / 社長になる / ベストセラー作家になる / 投資家になる

第4章のまとめ

Check Point

・気合というものは自分でスイッチを入れない限り、絶対に湧いてこない
・モチベーションを高めたいときは、自分の欲望を素直に認めるところから始める
・「ブレインダンプ」を行うと、頭がリフレッシュされ、心のモヤモヤが消えていく
・やりたいことを書き出すと、自分でも気づかなかった「自分」を発見できる
・目標までのプロセスをできる限り細分化すると、実現方法もおのずと見えてくる
・メンタルバンクで自分の行動に対価をつけると、やるべきことが整理できる
・「ご褒美」をうまく設定すると、「三日坊主」の悪癖から抜け出せるようになる
・時間にも対価をつけると、無駄な時間、有益な時間が峻別できる
・目標達成をイメージ化すると脳が刺激を受け自分スイッチが勝手に入る
・理想の体が手に入ると、自然と折れない心も手に入る！

# おわりに　――体が変わり、心も変わった――

## コンプレックスの塊だった学生時代

本書をお読みになった感想はいかがでしょうか。この本でご紹介したたくさんのヒントは、フィットネスやヘルスに関する国内外の研究成果を取捨選択したうえで、わたし自身がいわば〝モルモット〟として実践を重ねてきたものばかりです。その分、自信をもってオススメできるメソッドがぎっしりと詰まっています。読むだけではなく、ぜひとも明日から「ハイパフォーマンスな体づくり」を実践していただければと思います。

さて、そもそもどうしてわたしが「ハイパフォーマンスな体づくり」に関心をもったのか、ここでその原点をお話ししておきましょう。

体育系の名門校である日本体育大学荏原高等学校（日体大荏原）の教員であり、さらにパワートレーニング部の顧問も務めているというプロフィールからは、「小さい頃から身体能力が高かったんでしょう？」

「もともと運動神経が抜群で、スポーツエリートの道まっしぐらだったんですよね？」といったイメージを持つかもしれません。しかし、実際はまったく逆。学生時代はバリバリの文化系で（ちなみに吹奏楽部でした）、一時は体重１００キロ目前の〝デブ体型〟だったのです。

高校卒業後、大学に進学して念願のひとり暮らしを始めました。そして、もともと痩せ型だったこともあり、太ることなどまったく気にせず、自堕落な生活を続けているうちに、たった1年間で体重は激増。なんと60キロから90キロまで増えてしまったのです。体重が1・5倍に増えるとどうなるか。単純に、何をするにも息切れが起こり、動くこと自体が嫌になってしまいます。

さらに、体がデブ体型になってしまうと、心は劣等感の支配下に……。自分の姿は直視できませんし、異性に対しても積極的になれません。その結果、暗く悶々とした日々を過ごすことになりました（こう書いてきて、我ながら悲しくなってきます）。「体が変われば、心も変わる」という真理は、このとき悪い方向で作用していたわけです。

## ダイエット情報に右往左往するも、どれも成功せず

その後、たまたまテレビのダイエット番組を見ていたら、そのとき初めて「デブ体型は見た目が悪いだけではない。そのままだと、命を落とす危険性大！」ということを知りました。衝撃の事実を突きつけられ、このままではいけないと一念発起。さまざまなダイエットに取り組む日々が始まります。当時、やみくもにチャレンジしてみたダイエットを挙げてみましょう。読者のみなさんは他山の石としてください。

◉腹が凹むという〝ダイエットゼリー〟を毎月3万円分も買い、必死で飲みまくる
◉「汗をかけば痩せる」と思い、真夏に水も飲まず雨がっぱを着込んでランニング
◉朝・昼・晩・夜中、食事はキャベツのみの〝キャベツダイエット〟
◉朝・昼・晩・夜中、食事はリンゴのみの〝リンゴダイエット〟
◉とにかく何も食べない〝断食ダイエット〟

いまとなっては、どれもこれも無駄な努力でしかないのがわかります。しかし、あの

ころのわたしは、若かったということもあり、あまりにも無知でした。実際、痩せるどころか、こうしたダイエットの反動で、いわゆるリバウンドをしてしまい、さらに太ってしまうという負のスパイラルに陥ったのです。

これだけ試したにもかかわらず、「痩せない」という厳然たる事実を突きつけられると、さすがに〝無知な若者〟であっても、「もしかすると、自分のやっていることは、まったく無駄なのではないか……？」という疑問が芽生えてきます。

ここでわたしは、聞きかじりの断片的な知識に基づく自己流ダイエットをするのではなく、もうすこし体系的な知識を得たいと考え、ようやく（本当にようやく！）専門書を購入します。

そこで選んだのが『船木誠勝のハイブリッド肉体改造法』（ベースボールマガジン社）。プロレスファンならご存知かと思いますが、著者の船木さんは新日本プロレスのエースであり、後にパンクラスを旗揚げした格闘家。表紙には筋骨隆々の船木さんの写真が使われており、アスリートらしい機能的なボディが印象的でした。

## 肉体は驚くほど、すぐに変化する

『船木誠勝のハイブリッド肉体改造法』は、船木さん自身が実践してきた方法論が集大成されており、当時、無知だったわたしにとって、まさに目からウロコが落ちる内容でした。この本を読んで初めて、ダイエットで重要なのは食事法と筋トレのふたつであり、そのどちらが欠けてもダイエットは成功しないということが、徹頭徹尾、理解できたのです。栄養学や体の仕組みを学んだおかげで、まったく腹がへこまない理由や、ダイエットが失敗してリバウンドする理由もはっきりとわかりました。

「体づくりの原理」に気づいたわたしは、大学での勉強と並行して、独学で栄養学を学び始めました。その結果、その場しのぎのダイエットサプリメントを使うやりかたや、テレビや雑誌などマスメディアで喧伝される一過性のダイエット法ではなく、「もっとも自然で健康的に続けられる方法」を実践できるようになりました。自分の体が驚くほど変化していくことを、まさに身をもって知ったのです。

夏休みに海水浴に出かけた日のことは、いまでもよく覚えています。細マッチョに変化した体を見て、友人たちが驚きの声をあげたのですから。1年もたたないうちに、デブ体型だったわたしは、筋肉質のカッコいいボディに生まれ変わっていたのです。
90キロを超えていた体重は、そのころ65キロにまで落ちていました。その変化にあわせて、コンプレックスの塊だった心も、いつしか自信をとりもどし、「体が変われば、心も変わる」ことを強く実感したのです。

食事法と筋トレのほかに、もうひとつ重要な要素があります。それは第4章で詳述した「自分自身の行動をしっかりとコントロールできるようになること」です。もともと教員になるべく、専門のコースで行動心理学を学ぶ機会がありました。それはまさしく、「人間の行動」を「心理学的にコントロールする」知見の宝庫だったのです。臨床心理学の教授から直接指導を受けることができたのも、いま思えば、つくづく幸せな環境だったと思います。

長々と昔話をしてきましたが、お伝えしたかったのは、わたしのコンディショニング人生が、学生時代の「コンプレックス」や「挫折」から始まっているということです。だからこそ、わたしは「人はどこでつまずいてしまうのか」「なぜダイエットが続けられないのか」ということが、実感をもって理解できるのです。

学生時代にスタートしたボディデザインは、20年を経て、いまなお進化を続けています。そのなかで蓄えてきたメソッドを、いったん公開し、多くの方々と共有したい──。本書はそのような思いで書かれています。かつてわたしが『船木誠勝のハイブリッド肉体改造法』と出会ったように、この本がさまざまな立場の方々のお役に立てればと願っています。

最後になりますが、初めての著作を上梓するにあたり、さまざまな方々からご支援やご協力を賜りました。個々のお名前をあげることは差し控えますが、お世話になった方々に、この場を借りて厚くお礼を申し上げます。

本当にありがとうございました。

2016年6月

庄司　剛

【著者】

**庄司　剛**　（しょうじ・たけし）

日本体育大学荏原高等学校教師、同校パワートレーニング部顧問。

1976年、神奈川県横浜市生まれ。大学時代から筋肉トレーニングの研究を独自に開始する。大学卒業後、非常勤講師、スポーツジムインストラクターを経て、1999年、日体大荏原高校に配属。同校で国語教師、吹奏楽部顧問のかたわら、トレーニング室で多くの生徒の筋トレを指導。数年後にはトレーニング室の担当教員となる。さらに2011年、全国の高校初のボディビルディングメインのクラブとなる「パワートレーニング部」を開設。つねに国内外の最先端の知識やノウハウにアンテナを張り、良いものは取り入れ実践しつつ、独自のメソッドに昇華させている。教え子にはオリンピック選手やプロのアスリート多数。また、一般のビジネスパーソン向けのセミナー（トレーニング、ダイエット、食事法など）も随時開催。これまで学生からビジネスパーソンまで総勢18,000人以上の肉体改造を指導してきた経験を持つ。

庄司剛公式ホームページ：shoji-takeshi.com

編集協力／野田泰弘（有限会社ルーベック）、大城譲司
本文イラスト／いたばしともこ

**史上最強のコンディショニング術**

2016年7月9日　第1刷発行

著　者　庄司　剛
発行者　唐津　隆
発行所　株式会社ビジネス社
〒162－0805　東京都新宿区矢来町114番地　神楽坂高橋ビル5F
電話　03－5227－1602　FAX 03－5227－1603
URL　http://www.business-sha.co.jp/

〈カバーデザイン・本文DTP〉中村　聡
〈印刷・製本〉モリモト印刷株式会社
〈編集担当〉大森勇輝　〈営業担当〉山口健志


ISBN978-4-8284-1894-0